ERFINDER-PORTRAIT

Klaus - Peter Kolbatz wurde am 28. 12. 1941 geboren und startete am 01.04.1964 mit 21 Jahren als selbständiger Unternehmer mit einem Einzelhandelsgeschäft und Reparaturbetrieb für Fernseh-, HiFi- und Rundfunktechnik. Er ist gelernter Fernsehtechniker und Kaufmann und bildet selbst Fernsehtechniker und Kaufleute aus. Von Zeit zu Zeit ist er für die Industrie und Handelskammer in Berlin als Gutachter tätig.

Herr Kolbatz entspricht mit seinem ruhigen, sachlichen Naturell überhaupt nicht dem Klischee des leicht 'spinnerten' Erfinders. Mittlerweile hat er eine Vielzahl von Geräten von mehr als 6000 Herstellern repariert. Dabei und beim Umgang mit immer komplizierter und leistungsfähiger werdenden elektronischen Bauteilen eignete er sich das notwendige technische Verständnis für seine Erfindungen an. Bei seiner erfinderischen Passion sind ihm soziale Aspekte ein wichtiges Anliegen. Die meisten Erfindungen sollen dazu beitragen, das Leben von Kindern, älteren oder behinderten Menschen sicherer und leichter zu gestalten.

Für ihm haben seine Fähigkeiten als Erfinder nichts Sensationelles an sich. "Kleiner Erfinder", sagt er bescheiden, "sind wir doch alle. Nahezu jedem von uns gelingen tagtäglich am Arbeitsplatz, in seinem Heim oder bei seinem Hobby kleine Erfindungen, ohne dass dies immer so recht bewusst wird." Danach gefragt, wie es sich mit einem Erfinder leben lässt, meint seine Frau Hannelore augenzwinkernd, "dass es doch recht anstrengend sei, mit einem Erfinder verheiratet zu sein."

/2

Da im Haus ständig irgendwelche Erfindungen in ihren verschiedenen Entwicklungsstadien sorgfältig unter Praxisbedingungen getestet werden, sei die Familie eigentlich immer als 'Testperson' mit einbezogen. Dies erfordere von allen Familienmitgliedern ein 'testgerechtes Verhalten', um die Versuche nicht zu stören. Andererseits, sagt seine Frau, gilt für Klaus - Peter das Sprichwort nun wirklich nicht, dass ein 'Schuster die schlechtesten Schuhe trage', im Gegenteil: Wenn im Haus eine Waschmaschine, eine Kaffeemaschine oder ein sonstiges Gerät defekt wird, lässt er sich nicht lange zu einer Reparatur bitten. Und so finden sich in, auf, am und unter dem Haus viele Beispiele für Erfindergeist von Klaus - Peter für den Eigengebrauch, wie z.B. für die Gewinnung von Sonnenenergie auf dem Dach oder der Nutzung der natürlichen Abwärme für die Heizung des selbst angebauten Pavillons. Der recht eigenwillige Baustil des Hauses fügt sich harmonisch mit dem Swimmingpool in das traumhaft angelegte parkähnliche und mit dichten Koniferen umgebene Grundstück ein.

ERFINDER-Journal 3/88

Seite	Kapitel	Inhalt

Erstes Kapitel
Einführung

Wir schreiben das Jahr 1945, die Russen marschieren in meinem Geburtsort an der Ostseeküste ein. Meinen Eltern wurde 3 Stunden Zeit gegeben ihre Habseligkeiten zu packen und aus der Wohnung zu verschwinden.

Glücklicherweise war zu der Zeit mein Vater aus der Gefangenschaft zurück und konnte einen Leiterwagen mit Pferde organisieren, mit dem auch einige Möbel in der ca. 5 Km entfernten Wohnung transportiert werden konnten. Während meine Eltern die letzte Fuhre abholten ließen sie mich dieses mal in der neuen Wohnung zurück, weil die Pferde durch den Tumult auf der Straße scheu waren und mein Vater Schwierigkeiten hatte sie zu zügeln. Ich war in der neuen Wohnung alleine und sie war mir fremd. Ich hatte große Angst. Angst weil ich dachte sie haben mich vergessen, denn es kam mir mit meinen drei Jahren wie eine Ewigkeit vor. Eine innere Stimme sagte mir, Mami kommt hierher nicht zurück.

Ich bin zu unserer alten Wohnung zurückgelaufen, weil sie ja sagten sie fahren dort hin. Als ich ankam, hörte ich schon von draußen lautes Krakeelen in einer Sprache die mir fremd war und Furcht einflößte. Es waren Russen, die mir wie Ungeheuer aus dem Märchenbuch vorkamen. Ich habe mich versteckt, weil ich dachte sie haben meinen Eltern etwas angetan und werden mir auch etwas antun.

Nach einer Weile habe ich mich von dem Versteck hervor getraut und bin weinend und nach meiner Mami rufend durch alle Zimmer gegangen.

Überall waren Russen und als ich die Tür zum Badezimmer öffnete, saß einer auf der Toilette mit einem Hintern, der doppelt so breit wie die Toilettenbrille war und mit breiten herunter hängenden Hosenträgern. Er hatte mein weinen gehört und sagte "hier nix Mama".

Bei dem Anblick kamen mir entsetzliche Gedanken und ich dachte sie werden kleine Kinder bestimmt aufessen. Ich bin davongelaufen. Es war kalt und dunkel. Die Straßen wurden nur durch nicht endende Kolonnen von Panzern und anderen Militärfahrzeugen spärlich erleuchtet. Der Krach flößte mir zusätzlich Furcht ein und ich versteckte mich weinend und frierend hinter einem Gebüsch bis mich eine Frau fand und mich mit nach Hause nahm.

Ich weiß nicht wie, aber irgend wann standen plötzlich meine Eltern vor mir, ich war überglücklich.

Ich könnte noch eine Reihe weiterer für mich einschneidende Erlebnisse schildern, die sich in meinem Gedächtnis, wie erst vor kurzem geschehen, festgesetzt haben. In den damaligen Turbulenzen der Kriegswirren sind meine Erlebnisse aber mit Sicherheit kein Einzelfall, doch glaube ich heute, dass hiermit bereits der Grundstein für eigenständiges Denken und Handeln für mein weiteres Leben gelegt wurde.

So haben mir meine Eltern z.B. mit zehn Jahren meine damals erst drei jährige Schwester anvertraut und wir sind alleine, nach dreimaligem umsteigen, zum Schluss mit dem Zug zu meiner 100Km entfernt wohnenden Oma gefahren.

Während meine Eltern zum Tanzen ausgegangen sind, hatte ich als sieben Jahre älterer Bruder, die Aufgabe auf meine kleine Schwester aufzupassen. Wir wohnten ganz oben im 4. Stock und z.B. Silvester, wenn draußen um Mitternacht Feuerwerk war, bin ich mit meiner kleinen Schwester aufgestanden und wir haben zugesehen wie die Raketen den Himmel erleuchteten.

Zur Erziehung meiner Selbständigkeit gehörte sicherlich auch, dass mich meine Eltern, mit 13 Jahren alleine eine Fahrradtour quer durch Deutschland machen ließen.

Bereits zu meinem 18ten Geburtstag hatte ich meinen Führerschein und unten stand mein erstes aus eigenen Mitteln erspartes Auto.

Mit 21 Jahren habe ich mich selbständig gemacht und ein Fernsehgeschäft mit Werkstatt eröffnet, in dem ich bis heute u.a. auch Lehrlinge ausgebildet und Gutachten für die IHK erstellt habe.

Erste Ambitionen als Erfinder zeigten sich in den 70er Jahren noch bevor wir in Deutschland die Ölkrise hatten und jemand von Solaranlagen sprach.

Ich hatte auf meinem Flachdach meines Einfamilienhauses ca. 200 Meter schwarzen Gartenschlauch verlegt und damit erste Erfahrungen für meine anschließend selbst gebaute Solaranlage gesammelt. Die Anlage war für Brauchwasser, für den Swimmingpool und Hausheizung bestens geeignet und wir sparten bereits im ersten Jahr ca. 1.000 Liter Heizöl und für DM 800,- Strom ein.

Eine für mich besondere Herausforderung stellte sich jedoch im Sommer 1987 als meine beiden Söhne, damals 3 und 5 Jahre unbemerkt in unserem Gartenswimmingpool gefallen sind und beinahe ertrunken wären.

Ich habe daraufhin die Umzäunung auf 2,50 Meter erhöht und sämtliche Zugänge mit zusätzlichen Riegeln in ca. 2,40 Meter Höhe versehen. Bei diesem aus meiner Sicht unmöglich zu überwindendes Hindernis, hatte ich offensichtlich den Ideenreichtum der Kinder unterschätzt. Meine Frau sah zufällig aus dem Fenster und bemerkte wie der Jüngste im Wasser strampelte und der Ältere ihn versuchte herauszuholen.

Meine Unruhe wuchs und jedes mal wenn mir bei meiner Heimfahrt die Feuerwehr entgegen kam, fuhr ich schneller als die Polizei erlaubte. Während der Fahrt schossen mir entsetzliche Gedanken durch den Kopf, die sich erst legten wenn ich zu Hause ankam und meine beiden Kinder gesund in die Arme nehmen konnte.

Meine Sorgen konnten meine Verwanden und Bekannten nicht nachvollziehen und mit ihre Lebenseinstellung unter dem Motto " es wird schon nichts passieren", konnte ich mich nicht anfreunden. Der Zustand war für mich unmöglich und ich war drauf und dran unser liebgewonnenes Eigenheim zu verkaufen.

Andererseits war die Umgebung und das Haus, das sich harmonisch mit dem Swimmingpool in das traumhaft angelegte parkähnliche und mit dichten Koniferen umgebene Grundstück einfügte, ideal für unsere Kinder. Hier konnten sie abseits vom Straßenlärm und bei gesunder Natur, unbeschwert aufwachsen.
In der Hoffnung, dass der Schwimmbadhandel Abhilfe hat, habe ich mehrere aufgesucht und mein Problem geschildert.

Hier wurde mir von allen die Gefahren am Pool mit Kleinkindern bestätigt und von Unfällen aus ihrem eigenem Kundenkreis berichtet. Als einzige Alternative wurden mir Schwimmbadabdeckungen angeboten, die jedoch in der Praxis am Tage aufgerollt werden mussten, so dass die Sonne das Wasser erwärmen kann. Alle Händler haben meine Bedenken geteilt, dass die Kinder ein Schlupfloch finden konnten und dabei unter der Abdeckung in den Pool rutschen.

Mit einigem Unverständnis habe ich die Hilfe des Schwimmbadhandels abgehakt. Ich war entsetzt, dass jeder die Gefahren für unsere Kleinkinder am Pool kannte, aber die Pools nur unter dem Motto "Freude, Spiel, Spaß" beworben wurden. Ein Hinweis auf mögliche Gefahren fehlte völlig und war offensichtlich dem Umsatz nicht dienlich. Für mich ist unverständlich, weshalb der Gesetzgeber z.B. auf den Zigarettenpackungen die Aufschrift verlangt "Rauchen gefährdet Ihre Gesundheit" oder Autos ohne Gurte im Straßenverkehr nicht zugelassen werden. Andererseits bei unserem Kostbarsten was wir haben, unsere Kinder, keinerlei Hinweise oder wirksamen Schutz verlangt wird.

Einige Tage später brachte mir meine Mutter einen Zeitungsartikel. Hier wurde von einem tragischem Unfall mit einem zwei jährigen Mädchen berichtet, dass bei ihren Großeltern zu Besuch war. Das kleine Mädchen ist durch ein Loch im Zaun in das Nachbargrundstück gelangt und wurde erst nach Stunden, nachdem jemand die Abdeckung vom Pool entfernte, gefunden.

Einige Tage später erschien in der Berliner Morgenpost ein ähnlich folgen schwerer Bericht.

Jasper schwebt immer noch in Lebensgefahr

Der 18 Monate alter Jasper Schaar, der, wie berichtet, am Dienstag am Otto-Wels-Ring (Bukkow) in einen Swimmingpool gestürzt war und eine noch nicht ermittelte Zeit unter Wasser gelegen hatte, schwebt noch immer in Lebensgefahr. Nach Angaben der Ärzte wird es noch mindestens zwei Tage dauern, bis die akute Gefährdung des Kleinkindes vorüber ist. Bis dahin bestehe das erhöhte Risiko plötzlicher Kreislaufzusammenbrüche.

Jasper war nach vorläufigen Schätzungen mindestens zehn Minuten ohne Sauerstoff. Ob er bleibende Schäden davontragen wird, ist ebenfalls noch ungewiß. Die Ärzte wagen noch keine Prognose. Nach Angaben der Kripo kann es noch Wochen dauern, bis eine Aussage hierüber möglich ist.

Die Polizei ermittelt noch, ob eine Vernachlässigung der Aufsichtspflicht durch die Großmutter des Jungen und einen 48jährigen Neuseeländer, der sich zu Besuch auf dem Grundstück aufhielt, vorliegt. Beide wollen auf der Terrasse gesessen haben, die nur knapp fünf Meter vom Pool auf dem Nachbargrundstück entfernt ist. Von der Terrasse kann das Schwimmbekken aber nicht eingesehen werden, weil eine Buschreihe im Blickfeld liegt.

Nach den Ermittlungen der Kripo war das Kleinkind über einen 50 Zentimeter hohen Jägerzaun zwischen den Grundstücken gestiegen. Unmittelbar dahinter befindet sich das Becken, dessen oberer Rand nur zehn Zentimeter unter der Spitze des Zauns endet.

Jasper war vom Zaun auf eine von drei Plastikplanen gerutscht, die auf der Wasseroberfläche schwammen. Durch sein Gewicht neigte sich die Plane zur Seite, so daß das Kind abrutschte und ins Wasser fiel. Vom Gewicht des Kindes befreit, nahm die Plane dann wieder ihre ursprüngliche Lage ein. So konnte der kleine Junge nicht gesehen werden. Wie berichtet hatte der 48jährige Mann – einer Intuition folgend – unter die Planen gesehen, nachdem Jasper verschwunden war. *Norbert Rähse*

/9

Diese Berichte machten mich tief betroffen und bestätigte meine Befürchtungen.

Eine Mischung zwischen Wut und Trauer verfestigte sich in mir. Wut, weil die Technik bereits so weit war, dass wir auf dem Mond fliegen können, aber nicht in der Lage sind vernünftige Sicherheit für unsere Kleinkinder bereitzustellen, und Trauer für jedes Unfallopfer und den leidgeprüften Eltern, die mit Sicherheit, alle ihnen zur Verfügung stehenden Möglichkeiten eingesetzt hätten.

Mit einer inneren Leere und Hilflosigkeit saß ich am Pool und sah den Kindern zu, wie sie auf dem angrenzenden Rasen mit dem Ball spielten. Der Ball fiel in das Wasser und ich beobachtete wie sich die Wellen über die gesamte Wasseroberfläche verteilten. Hierbei kam mir der Gedanke, ob es nicht möglich sein könnte diese Wellen für ein akustisches Signal auszuwerten, mit dem, wenn Kinder unbemerkt in einen Pool fallen, lautstark Alarm gegeben wird.

Dieser Gedanke ließ mich nicht mehr los und ich befestigte auf einem Schwimmkörper einen Rüttelkontakt mit Batterie und Horn. Ich warf in etwa 12 Meter Entfernung eine Gießkanne, gefüllt mit Wasser hinein und das Horn sprang tatsächlich an. Die erste, zwar noch äußerst primitive, aber hörbare Signalvorrichtung war damit geboren. Mein technisches Verständnis sagte mir, dass ich auf dem richtigen Weg bin.

Angespornt durch die ständig lauernde Gefahr mit meinen beiden Kindern am Pool, gepaart mit meiner naturellen Neugier nach allem Unbekannten, folgten eine Reihe von Tests. Diese Erkenntnisse habe ich in der Elektronic und Formgestaltung eingebunden.

Im Endergebnis schwamm ein geschlossenes, Art Ufo auf dem Wasser, dass auf Wellenbewegungen reagierte und per Funk im Haus Alarm auslöste. Ich meldete dieses Verfahren zum Patent an.

Ganz zufrieden war ich bei dieser Lösung jedoch nicht. Ich sah hier einige gravierende Schwachpunkte wie z.B.

1.) alles was auf dem Wasser schwimmt animiert Kleinkinder dazu es heraus zunehmen und zu untersuchen. Hierbei besteht die große Gefahr, dass sie dabei hinein fallen und ich hätte damit genau das bewirkt, was die Anlage verhindern sollte.

2.) durch Wind wird das Gerät am Beckenrand gedrückt und könnte Fehlalarm auslösen.

3.) beim hineingleiten eines Kleinkindes werden nur schwache Wellen erzeugt, so dass die sichere Alarmauslösung in einiger Entfernung nicht mehr gesichert ist.

Die Anlage war nach meinem Sicherheitsverständnis von einer zuverlässigen Schwimmbadalarmanlage noch weit entfernt.

Meine Überlegungen richteten sich unterhalb der Wasseroberfläche. Ich war der Meinung, dass hier weit größere Kräfte wirken müssten als die paar sichtbaren Wellen auf der Wasseroberfläche.

Nachdem ich in der Literatur nichts gefunden habe, konstruierte ich einen Auffangtrichter mit einem Messfühler und befestigte diesen ca. 20cm unterhalb der Wasseroberfläche an die Beckenwand.

Ich ließ eine Gießkanne gefüllt mit Wasser in etwa 12 Meter Entfernung in das Wasser gleiten und traute meinen Augen nicht. Die Wellen ebbten nach ein paar Meter ab, so dass die Wasseroberfläche an der Stelle, wo der Auffangtrichter positioniert war, absolut ruhig war und trotzdem Kräfte auf dem Auffangtrichter einwirkten, so dass sogar die provisorische Befestigung wegbrach.

Die Erkenntnisse versetzten mich in eine gewisse Euphorie und ich begann eine stationäre Schwimmbadalarmanlage zu entwickeln, die im Ergebnis folgende Kriterien erfüllte:

- einfache, problemlose Handhabung
- fest installierbar, robust
- bei Bedarf einbaufähig (für Neubauten)
- Kindersicherung
- Keine falsche Alarmgebung durch Oberflächenbewegung
- absolut, d.h. 100 % zuverlässige Alarmgebung im Fall der unerlaubten Poolbenutzung
- im Alarmfall: mehrminütiges Signal (min. 3 Minuten)
- möglichst drahtlose Signalübertragung ins Haus, bzw. zu Kontrollzentren
- Witterungsbeständig (auch sturmsicher)

Diese Anlage gab mir ein sicheres Gefühl, dass keine Kind aber auch Haustiere, mehr unbemerkt in den Pool fallen können. Jeder Unfall würde sofort gemeldet und ein hineingefallendes Kind hatte erstmals die Chance nur mit dem Schrecken davonzukommen.

Ich meldete dieses Verfahren bei dem Deutschen Patentamt zum Patent an und gab der Schwimmbadalarmanlage den Namen "POOLSOLARM".

Zweites Kapitel
Hürden für alles Neue !?

Wer nun glaubt, wunderbar, jetzt sind die schwierigsten Hürden genommen, der berücksichtigt nicht unsere anerzogene deutsche Gründlichkeit, die bei allem Neuen, nicht nur hinderlich, sondern für ein innovatives Produkt sogar tödlich sein kann. Oder wie heißt das Sprichwort so schön ? "was der Bauer nicht kennt frisst er nicht".

Für dieses bei den Patentprüfern als sogenanntes "Sprungpatent" eingestufte Gerät, stellte sich sehr schnell heraus, dass kein Hersteller bereit war das Produkt in der sogenannten "Stunde null" zu übernehmen. Für mich waren alle Absagen zum damaligem Zeitpunkt sehr deprimierend, insbesondere, da jährlich nur 2% "Sprungpatente" angemeldet werden, die unsere Wirtschaft so dringend benötigte.

Unsere Deutsche Industrie zieht es vor, sich dem internationalen Wettbewerb mit bekannten Produkten auszusetzen.
Hierbei werden 98 % aller Patentanmeldungen nur durch Ergänzungen oder Verbesserungen verwertet.

Wäre Bill Geats von Microsoft in Deutschland geboren, so wäre auch er an unserem System gescheitert und es gebe heute keine PC-Computer oder wäre der Deutsche Erfinder des Faxgerätes nicht nach dem in Deutschland sein Gerät als uninteressant abgetan wurde, in die Vereinigten Staaten gegangen, so würde es heute kein Faxgerät geben.

Um unsere gefährdeten Kleinkinder das Sicherheitsgerät so schnell wie möglich zur Verfügung stellen zu können, blieb also nichts anderes übrig als selbst zu beginnen und die Herstellung und den Vertrieb zu übernehmen.
Ich stellte einige Handmuster in meiner Garage her und konnte die Alarmanlage einigen Vertriebsfirmen im Hausalarmbereich vorführen. Die Reaktion war sehr positiv, jedoch waren sie nach ihrer Ansicht nicht der richtige Ansprechpartner, da ihr Kundenklientel nicht im Schwimmbadbereich lag.

Als Alternative bot sich somit dem ersten Anschein nach der Schwimmbadhandel an. Hier fehlte jedoch das technische Personal mit entsprechend elektronischen Kenntnissen.

Bei meinen persönlichen Befragungen div. Schwimmbadhändler, hat jeder von Unfällen mit Kleinkindern im Pool aus seinem Kundenkreis berichtet,

./13

jedoch konnte sich keiner der Befragten den Funktionssinn der Schwimmbadalarmanlage vorstellen

Ich erhielt Antworten wie: "soll mit den Gerät der Wasserstand gemeldet werden" oder der PH/ Chlorgehalt des Wassers oder soll gemeldet werden, wenn Einbrecher baden gehen, u.s.w....

Ein weiteres großes Problem lag darin, dass die meisten Poolbauer der Meinung waren, wenn die Einlaufdüsen unterhalb der Wasseroberfläche arbeiten, wird das gesamte Schwimmbeckenwasser, auch unterhalb der Wasseroberfläche durchflutet und somit kann mein Gerät nicht fehlerfrei arbeiten. Auf diese Ansicht war bis dahin auch ihre Werbung aufgebaut.

Diese absolut falschen physikalischen Kenntnisse wurde bis dato auch international vertreten und erschienen für mich zum damaligem Zeitpunkt als unüberwindliche Hürde. Eine Aufklärung der physikalischen Grundkenntnisse in der Unterwasserbewegung war für die Anerkennung der sicheren Funktionalität meines Gerätes unverzichtbar, da sonst mein Unterwasser-Abtastsystem chancenlos geblieben wäre.

Um hier weiter zu kommen, habe ich in den jeweiligen Landessprachen über 10.000 Informationsschreiben versandt.

Mit den Aufklärungsarbeiten hatte ich zwar den Handel überzeugt und bat bei seinen anschließenden Testergebnissen, sich nicht nur auf die sichere Funktion des Gerätes zu beschränken, sondern von nicht zu unterschätzender Bedeutung war die Berücksichtigung der unterschiedlichen internationalen Anforderungen und Wünsche an der Handhabung- und Designgestaltung. Erst durch die Paarung aller drei Kriterien konnte eine erfolgversprechende Vermarktung stattfinden.

Dieses bedeutete, dass selbst unter günstigsten Bedingungen ein serienfertiges Gerät mit allen Anforderungen frühestens im Jahr 1990 zur Verfügung stehen konnte.

Alle o.g. Prüfsteine hat POOLSOLARM durchlaufen und parallel hierzu habe ich begonnen, mit dem o.g. Versuchsmodell eine internationale Marktsicherung und den anschließenden Vertriebswegen aufzubauen.

Drittes Kapitel
Internationale Resonanz

Durch meine Rundschreiben erhielt ich insbesondere aus dem Ausland erste vielversprechende Nachfragen. Hierunter war auch eine namhafte amerikanische Marketing Gesellschaft, die beauftragt wurde sich mit mir in Verbindung zu setzen. Nach einem kurzen Schriftwechsel bat der Präsident des Unternehmens, Herr Drescher um einen kurzfristigen Termin. Bereits in seinen Schreiben war seine Entschlossenheit für das Gerät unverkennbar, die ich bei unseren deutschen Unternehmen vermisst habe.

Ich teilte ihm mit, dass er zu jeder Zeit willkommen ist und ich würde ihn vom Flughafen abholen. Schon nach vier Tagen konnte ich ihn begrüßen. Er war Mitte vierzig, hatte ein helles Kaschmirsakko mit geschmackvoll ausgesuchter Krawatte an und wirkte sehr seriös.

Nachdem wir uns gegenseitig vorgestellt und die üblichen Höflichkeits-floskeln ausgetauscht haben, wollte ich seinen offenbar schweren Aktenkoffer abnehmen. Hier sagte er auf akzentfreiem Hochdeutsch "Vorsicht der Aktenkoffer ist sehr schwer, dort sind alles Unterlagen für Ihr Poolsolarmgerät drinnen, die ich bisher schon für ihr Projekt zusammengestellt habe." Ich ließ mir nicht anmerken, dass ich erleichtert war, mit ihm in Deutsch sprechen zu können, jedoch konnte ich mir die Frage nicht verkneifen. Er sagte: "Ich bin in Berlin geboren und vor 25 Jahren nach Amerika ausgewandert".

Bereits auf der Fahrt zu mir nach Hause gab er mir das Gefühl, als wenn wir uns schön ewig kennen. Er machte absolut keinen Eindruck eines knallharten Geschäftsmannes von einem großen Unternehmen, sondern wirkte auf mich wie ein alter Freund. Ich glaube, dass hier auch der Schlüssel zu seinem Erfolg in den USA zu suchen ist.

Für seinen dreitägigem Aufenthalt hatte ich mir zuvor ein Programm zusammen erstellt, so dass mein erster Besucher aus dem Ausland, mit dem besten Eindruck von uns wieder nach Hause fährt.

Wir hatten uns so viel zu erzählen, so dass die Zeit wie im Flug verging und für mein Programm nur wenig Zeit übrig blieb.

Er berichtete wie ernst in Amerika die Unfälle mit Kleinkindern am Pool genommen werden und Immobilien sich an Eltern kaum verkaufen lassen. Trotz aller Vorsicht, alleine in Kalifornien jedes Jahr über 100 Kinder ertrinken und ein vielfaches mehr, im Koma oder für immer behindert dahin vegetieren müssen.

Ich zeigte ihm eine Reihe von Unfallmeldungen aus dem deutschen Raum und ein Bericht der sich in Chicago ereignete.

n | **Vietnam-Veteran rettet**
ıus | **Baby vor sicherem Tod**

ırsonals
an. Die
ıhaltser-
ıeschäf-
ı Ände-
uır und
ıtien.
n Bale-
ne und
ı. Ge-
sollen
ks ge-

sonals
ıschaf-
ınner-
ıs.

AP West Chicago, 7. Juni

„Das Baby atmete nicht mehr. Sein Gesicht war blau angelaufen. Ich begann mit Wiederbelebungsversuchen. Ich dachte nur: Los, kleines Baby, du schaffst es!" So beschrieb der Vietnamkriegsveteran James Partridge, dem 1966 eine Mine beide Beine abgerissen hatte, von der Rettung eines Babys in West Chicago (US-Staat Illinois), das in einen Swimmingpool gefallen und beinahe ertrunken war.

Die einjährige Jennifer Kroll war offenbar schon leblos von der Mutter aus dem Wasser gezogen worden. Danach stürzte die Frau ans Telefon, um Hilfe herbeizurufen, bekam aber nur eine Tonbandansage, daß bei der Telefongesellschaft gestreikt werde. Die Mutter schrie in Panik laut los.

James Partridge hörte die Hilfeschreie und fuhr im Rollstuhl zum Garten der Krolls. Er kletterte aus dem Rollstuhl, kroch 18 Meter bis zum Pool, wand sich fünf Stufen zum Rand des Beckens hoch, auf dem das Baby lag, und begann mit Wiederbelebungsversuchen.

Jennifer kam zu Bewußtsein und begann zu wimmern. Dem Kind geht es nach Angaben von Ärzten wieder besser.

"Genau das ist der Punkt", sagte er und zeigte mir Unterlagen welche Anstrengungen die Behörden in den USA bereits unternommen haben.

Selbst in Ländern, in denen seit Jahren Zäune als Sicherheit vorgeschrieben sind, wird nach weiteren Alternativen gesucht, denn Erfahrungswerte haben z.B. in Australien gezeigt, dass seit Bestehen der gesetzlich vorgeschriebenen Zäune, die Aufsichtspflicht am Schwimmbecken vernachlässigt wurde und die Unfälle angestiegen sind.

In der Praxis wird ein vermisstes Kind erst in dem umzäunten Schwimmbecken gesucht, nachdem die Suche an anderen Orten erfolglos war. Hierbei kommt durch die zeitaufwendige Suche, die durch ein Alarmsignal hätte vermieden werden können, leider all zu oft jede Hilfe zu spät. Besonders gefährdet sind Kinder bis zu einem Alter von 7 Jahren, da sie sich bevorzugt Spielplätze suchen, die von Erwachsenen verboten wurden.

Hierbei wird der Ideenreichtum der Kinder, Hilfsmittel zum überwinden eines Zaunes zu finden, von den Erwachsenen meistens unterschätzt.

Nach seiner Meinung, unterstützt auch durch das Ergebnis seiner Recherche, kann zur Vermeidung von solch tragischen Unfällen mein Gerät "POOLSOLARM" beitragen. Durch einen lautstarken Alarmton werden die Helfer sofort auf das hineingefallene Kind aufmerksam gemacht, und es hat alle Chancen mit dem Schrecken davonzukommen.

Die US Consumer Product Safety Commission arbeitet derzeit an der Vorbereitung neuer Vorschriften für die Absicherung von Schwimmbecken. Nachdem bis vor kurzem die Einzäunung und Rollabdeckungen als das wichtigste Ziel galt, musste man inzwischen feststellen, daß dies allein nicht ausreicht und die Unfälle mit Todesfolge alleine in Californien auf jährlich 100 angestiegen ist.

Man plant nun, neben dem Zaun weitere Maßnahmen zur Unfall-verhinderung zu ergreifen.

Die geplante Gesetzgebung ist bereits in einigen Gebieten in der Legislative; eine USA-weite Einführung wird im Verlauf der nächsten zwei bis drei Jahre erfolgen. Hierzu trägt auch die Arbeit der "Drowning-Prevention-Foundation" bei, die zusammen mit anderen Gremien die Durchsetzung der Gesetzesänderung betreibt.

Auch das National Spa & Pool Institute verstärkt seine Bemühungen um eine bessere Aufklärung speziell des Handels bezüglich der Sicherheitsfrage, die in einer Verbraucherstudie des Instituts von 1990 als Hauptgrund für die Nichtanschaffung eines Pools oder eines Hauses mit Pool angegeben wurde.

Er teilte mir beiläufig auch mit, dass er mit seinem Team seit drei Monaten an einer Marktstudie arbeitet die in Kürze fertig wird und ich dort alle Angaben wiederfinden werde.

/18

Als er dieses so erzählte bekam ich Gänsehaut und mir wurde heiß und kalt. Ich dachte an die Steine die mir in Deutschland bisher in den Weg gelegt wurden und wie Rückständig hier das Sicherheitsbewusstsein ausgeprägt ist. Hier reicht ein einfacher Jägerzaun und jeder hat seine Sicherungspflicht erfüllt.

Ich hatte fast den Eindruck er konnte meine Gedanken lesen, denn er schwenkte plötzlich um und erzählte von sich. Warum er vor 25 Jahren nach den USA ausgewandert ist und weshalb er heute jungen Unternehmern mit innovativen Ideen verhilft in den USA Fuß zufassen.

Er empfahl mir dringend hier in Deutschland keine Kraft zu vergeuden und mit meiner Familie nach den USA auszuwandern. Seine Firma würde gerne gemeinsam mit mir das Gerät von Amerika aus auf den Märkten lancieren. Hierzu ist es natürlich zwingend erforderlich, das der Erfinder, denn nur der kennt sich mit der neuen Technik aus, auch Vorort tätig ist. Nach seinen Erfahrungen, folgen meistens auch noch weitere Erfindungen die nicht zu unterschätzen sind. Dieses sicherlich sehr verlockende Angebot kam für mich völlig überraschend und sagte zu ihm, dass ich die Überlegungen in meine Pläne mit aufnehmen werde.

Der Tag ging zu Ende und ich brachte ihn, sichtlich erschöpft von dem anstrengenden Flug in sein Hotel. Wir verabredeten uns für den nächsten Tag, den er gerne nutzen wollte, um bei der IHK vorzusprechen.

Bei der IHK wurden wir schon von einem Herrn Bremm erwartet. Der Inhalt des Gespräches war, Vermittlung und Kooperation von Firmen zwischen Deutschland und den USA und umgekehrt. Aber auch Unwegsamkeiten durch Behinderungen von Deutschen Behörden wurde angesprochen.

Als Herr Drescher anfing zu erzählen was er mit meinem Gerät vorhat, unterbrach Herr Bremm und fragte welche Kosten auf mich zukommen, er wird es doch nicht umsonst machen, insbesondere da ja die Einführungskosten auf dem Markt sehr hoch sein werden.

Herr Drescher antwortete sehr überzeugend, "solch eine Erfindung wird nur alle 100 Jahre einmal gemacht. Hinzu kommt, dass es nicht nur auf dem Papier steht sondern bereits ein funktionsfähiges Testgerät vorhanden ist.

Seine Gesellschaft wird alle Kosten übernehmen, das steht außer Frage". Herrn Bremm fiel darauf nichts ein und er sah mich eine ganze Weile an und wünschte mir viel Glück.

Am nächsten Tag flog Herr Drescher wieder zurück mit der Gewissheit, dass er zu jeder Zeit willkommen ist und unser erster Kontakt auf fruchtbarem Boden aufgebaut wurde.

Erst nachdem Herr Drescher abgereist war und ich bei einer ruhigen Minute alle Gespräche gedanklich Revue passieren ließ, wurde mir eigentlich so richtig bewusst, wie interessant und wichtig meine Erfindung war.

Es vergingen keine 3 Wochen und Herr Drescher rief an und fragte ob er kurzfristig mit seinem Ingenieur, Mr. Dior kommen kann. Die Marktstudie ist fertig, sie ist sehr umfangreich geworden und Mr. Dior hätten sich einiges für die Gestaltung des Gerätes überlegt.

Freude und Erwartung bewegten meine Gedanken. Freude, weil ich anscheinend jemanden gefunden hatte, der sich tatsächlich mit dem Produkt auseinander setzte und Erwartungen über die Idee wie das Gerät, Konsumgerecht gestaltet werden könnte. Bisher war ich in allem völlig auf mich alleine gestellt und besonders bei der konsumgerechten Gestaltung des Gerätes total überfordert.

/20

Ich wusste, dass meine eigene Kreation als Erfinder immer zu technisch ausfallen würde, mit der der Laie mit Sicherheit unnötig überfordert wird.

Es schlich sich bei mir ein Gefühl ein, dass ich nicht deuten konnte und für mich fremd war oder vergessen hatte. Ein Gefühl, dass da jemand sein könnte, der mir Entscheidungen und mögliche Verantwortung abnimmt, die ich, solange ich zurück denken kann, immer selber treffen musste. Ich fand in meinem Innersten keinen Einklang und konnte damit nicht umgehen, so dass meine Freude in Misstrauen umschlug. Misstrauen, dass ich mir nicht anmerken lassen durfte um nicht der Gefahr zu laufen, bereits im Vorfeld alles kaputt zu machen.

Ich holte die Herren einige Tage später vom Flughafen ab. Dieses mal ging von Herrn Drescher eine Euphorie aus, die ansteckend war und mein Misstrauen vorübergehend vergessen ließ. Mr. Dior war Ende sechzig und machte auf mich einen ruhigen, fast opahaften Eindruck. Er sprach kein Wort Deutsch, so dass meine Englischkenntnisse gefragt waren.

Während der Fahrt zu mir nach Hause, bat Herr Drescher ob es möglich sein könnte, dass wir heute noch das Gespräch führen können, da sie morgen schon in Frankfurt einen anderen Termin hatten. Meiner Neugierde, nach dem was sie mir neues zu erzählen hatten kam der Wunsch sehr entgegen. Meine Frau hatte in der Zwischenzeit schon den Tisch mit Kaffee und Kuchen gedeckt. Herr Drescher übergab mir eine sehr umfangreiche Marktstudie von über 50 Seiten.

Während wir die Marktstudie durchsprachen, verwies Mr. Dior besonders auf die Seiten 10 bis 12. Hier haben seine Nachforschungen ergeben, dass meine patentrechtlich geschützte Unterwasser-Abtasttechnik, sich als einzige technische Lösung anbietet und auf Jahre, möglicherweise Jahrzehnte unangefochten konkurrenzlos bleiben wird. Er ist von der wirkungsvollen Technik fasziniert, konnte aber nicht herausbekommen was ich verwendet habe, das den Alarm zuverlässig auslöst.

Ich konnte nachfühlen was in ihm vorging als ich sagte "ein kleines Geheimnis muss ich für mich behalten". "Er möge hierfür Verständnis haben, dass ich heute noch nicht darüber sprechen möchte".

Sie erzählten, dass in ihren Ergebnissen aus über 1000 Umfragen auch wichtige Hinweise zur Formgestaltung und Handhabung dabei sind.

Hier ist ein FCC zugelassener Sender mit Hausempfänger zwingend, da bei geschlossenen Fenstern die Klimaanlage Geräusche macht und der Alarm am Pool nicht gehört wird.

Das Gerät sollte weiß, mit abgerundeten Ecken und kompakt sein. Ich soll mir einen großen Chevrolett vorstellen mit einem kleinen Motor. Die Amerikaner lieben das Wuchtige auch wenn nicht viel drinnen ist.

Das Gerät sollte oben einen integrierten, Art Revolvergriff haben. Hiermit wird ein psychologischer Mitnameeffekt aus den Regalen der Kaufhäuser erreicht.

Jedes Gerät sollte mit einem Sicherheitsschlüsselschalter ausgestattet sein. Damit wird erreicht, dass nur eine Person für die Bedienung verantwortlich ist und kein Unbefugter das Gerät ausschalten kann.

In den Geräten dürfen aus Umweltschutzgründen kein Quecksilberakkus eingebaut werden.

Das gesamte Gespräch dauerte bis weit in die Nacht hinein und ich glaube, dass der Gedankenaustausch für alle Beteiligten einen sehr hohen informativen Stellenwert hatte.

Beide haben zum Schluss auf meine Frau und mich eingeredet, wir mögen uns doch schnell entscheiden nach Amerika auszuwandern um von dort aus gemeinsam die Märkte mit Poolsolarm zu bearbeiten.

Wir würden in Deutschland auf Hürden stoßen, die wir uns heute noch nicht vorstellen können.

__Aus heutiger Sicht kann ich nur sagen "wie Recht sie doch hatten".__

Viertes Kapitel
Auf Erfindermesse teilgenommen und
Gründung meiner erste GmbH

In den letzten 2 Jahren hatte ich eine Reihe von weiteren Erfindungen gemacht und zum Patent angemeldet. Um die Erfindung erstmals der Öffentlichkeit am besten vorzeigen zu können, erschien mir eine Erfindermesse in Nürnberg am besten geeignet.

So habe ich z.B. ein bis dahin völlig unbekanntes Verfahren angewandt um das Poolalarm-System zu einer umfassenden Hausalarmzentrale auszubauen.

Es empfängt das Alarmsignal vom Schwimmbecken und löst im Haus eine akustische Meldung aus. Die Hausalarmzentrale konnte aber auch an jede bestehende Hausalarmanlage angeschlossen werden.

Sie war durch moderne Modultechnik erweiterungsfähig als Babywächter, der zuverlässig Alarm gibt, wenn das Baby schreit.

Bei ungebetenen Besuchern in oder am Haus wurde durch einen angeschlossenen Infrarot - Bewegungsmelder Alarm geschlagen. Das Besondere daran war, dass normale Bewegungen und Gespräche das Gerät nicht auslösten. Erst wenn jemand z.B. an Türen und Fenster hantierte, meldete es das Gerät durch ein lautes Warnsignal.

Mit der Hausalarm-zentrale war eine Überwachung von weiteren Einsatzgebieten möglich, wie z.b. von einzelnen Räumen, Lauben, Wohnwagen, Autos ect..

Als eine besonders gelungene Innovation war zweifellos mein Leckstellenfinder, der zur punktgenauen Ortung von in einer geschlossenen Decke eingedrungenem Wasser diente.

Mit seiner Hilfe wird auf verblüffend einfacher Weise erreicht, dass ein Flüssigkeitsleck bei einem in einer Decke oder in einem Fußboden verlegtem Rohrsystem (z.b. für Fußbodenheizungen oder begrünte Dächer) der Schadenseintritt nicht nur sofort gemeldet wird, sondern die schadhafte Stelle genau lokalisiert werden konnte. Es brauchte also z.b. nicht mehr die gesamte Decke oder der Fußboden aufgestemmt werden um die Stelle zu finden, es genügte eine Öffnung an genau der festgestellten schadhaften Stelle, die auch von Laien unschwer aufgefunden werden konnte.

Die Möglichkeit zur Schadens- und Kostenbegrenzung waren damit bedeutend. Denkt man hierbei z.b. an die Wasserleckgefahr durch begrünte Dächer oder durch die als problematisch bekannten Nassdächer.

Eine weitere Erfindung bestand aus einem "Mückenabwehr-Amulett". Das kleine Gerät erreichte einen zuverlässigen Schutz vor Mückenstichen und Insektenbissen. Zu dieser Erfindung wurde ich damals erstmals angeregt, als das Thema AIDS aufkam.

Ich ging davon aus, wenn die Mücke in tropischen Gegenden den Malaria Virus übertragen kann, dann müsste unsere europäische Mücke auch den AIDS-Virus übertragen können.

Zufälligerweise stand in einer Tageszeitung, dass unter dem Thema "Sie fragen , Experten antworten" Fragen zum Thema AIDS gestellt werden konnten. Ich rief an und bat um ein Gespräch mit der Tropenärztin. Frage: "Was passiert eigentlich, wenn ich am Badestrand liege, eine Mücke sticht meinen Nachbarn der sich neben mir sonnt, er jagt sie weg und anschließend sticht sie mich. Überträgt diese Mücke den Virus wie der Malaria-Virus in den Tropen übertragen wird ?". Es folgte eine ganze Weile keine Antwort und ich dachte wir sind unterbrochen. Ich sagte "Hallo?-- Hallo?" Antwort: "Na ja, es wird zur Zeit in Dallas darüber Forschung betrieben, aber bisher ohne Ergebnis".

Für mich war klar, dass es von ihr nur eine Verlegenheitsantwort war, denn ca. 6 Monate später las ich in der Zeitung, dass erstmals in Afrika diese Möglichkeit untersucht wurde. In den folgenden Jahren spalteten sich die Lager der Wissenschaftler, in es kann sein und es kann nicht sein. Ich habe die Angelegenheit nicht weiter verfolgt, allerdings sagte mir vor kurzem eine Bekannte, die mit AIDS-Patienten beruflich zutun hat, dass ihr zwei Fälle bekannt sind, wo nachgewiesen wurde, dass die Überträger Mücken waren.

Ich habe auf der Erfindermesse meine Befürchtung für mich behalten und das Mücken-Amulett, insbesondere für Menschen angeboten, bei denen herkömmliche flüssige Mittel, die auf der Haut aufgetragen werden, Ausschläge und Allergien verursachen können.

Das Interesse an dem Mücken-Amulett war so groß, dass noch während der Messetage ein Telegramm an meinem Stand gebracht wurde, in dem der Apothekerverband in Spanien wissen wollte, wann er das Amulett erhalten kann.

Ich glaube es war der dritte Tag, als ein Reporter mit einer sehr attraktiven jungen Frau an meinem Stand kam. Er stellte sich vor und sagte das seine Reportagen über DPA weltweit veröffentlicht werden. Er findet das Mücken-Amulett als beste Erfindung auf der ganzen Messe und möchte gerne ein Foto machen. Hierfür hat er auch die junge Dame mitgebracht, die sonst als Fotomodell arbeitet.

WIRTSCHAFT

Halsschmuck gegen Mückenstiche

Funktioneller Halsschmuck wird auf der Erfindermesse „IENA", die bis zum 6. November in Nürnberg stattfindet, vorgestellt. Das Amulett schützt vor Mückenstichen. Der kleine Anhänger wird mit einer Flüssigkeit gefüllt, die die lästigen Insekten fernhält.
Foto: dpa

Er hatte nicht zu viel versprochen, denn innerhalb der darauf folgenden 4 Wochen, kamen Nachfragen bis aus Australien.

Leider konnte ich keinem mein Mücken-Amulett liefern. Ich stand vor der Frage, meine finanziell begrenzten Mittel für die Sicherheit unserer Kleinkinder am Pool einzusetzen oder eines meiner anderen offensichtlich durchaus vielversprechenden Erfindungen auf dem Markt zu bringen. Für mich war es selbstverständlich, dass ich mich für den schwierigeren Weg entschieden habe, für mein Schwimmbadalarmgerät "POOLSOLARM".

Auf der Messe war auch der "Israelische Erfinderverband" vertreten. Die beiden Vertreter des Verbandes, der Vice-President Mr. A. Shusterman und der President Mr. S. Kaner waren sowohl von meinem Poolsolarm-Gerät als auch von meiner Hausalarmzentrale begeistert. Wir verblieben, dass sie mich nach der Messe aufsuchen werden um vertragliche Lieferungen nach Israel zu vereinbaren.

Insgesamt war ich mit dem Ergebnis meiner Beteiligung an der Messe sehr zufrieden. Hier konnte ich meine ersten Erfahrungen sammeln und Gespräche mit späteren Vertriebspartnern für mein Poolsolarm-Gerät führen. Besonders das Poolsolarm, aber auch meine anderen Erfindungen, die sich z.t. noch im Erprobungsstadium befanden oder nur als Patentschrift vorhanden waren, wurden von den Medien im In- und Ausland veröffentlicht.

In einem ganzseitigem Artikel , unter dem Titel "Erfinder aus Passion" wurde ich mit einigen meiner anderen Innovationen vorgestellt. Hierbei handelte es sich um:

1. Ein Abstandsanzeiger der beim Rückwärts fahren, den Abstand zum nächsten Hindernis optisch und akustisch anzeigt.
2. Eine Badekappe die ein Signal aussendet, wenn z.B. ungeübte Schwimmer, länger als verträglich mit dem Kopf unter Wasser bleiben.
3. Ein akustisches Gerät für Blinde, das Hindernisse in bestimmter Tonlage meldet.
4. Ein Gerät das mit tastbaren Erhebungen für Blinde alles durch ein Objektiv eingefangene tastbar anzeigt.

Hiermit wären die sehbehinderten nicht mehr auf die Brailleschrift angewiesen und würden sich auch in fremde Umgebung zurecht finden.

Am Schluss der Erfindermesse hat eine Jury, die Besten Erfindungen prämiert. Ich bekam zwei Silbermedaillen und zwei Urkunden für mein Poolsolarm und meinem Leckstellenfinder.

Exkurs: **FASZINATION VON HIGH-TECH**

Aus der Gesamtheit aller vorgestellten sinnvollen und unsinnigen Erfindungen auf der Erfindermesse musste ich feststellen, das die Vorstellung, das jedes Unternehmen High-Tech sein müssen und das die Zukunft und der Geschäftserfolg ausschließlich auf diesem Gebiet zu suchen seien, ist ein folgeschwerer Irrtum.

Hier fanden einfachste Erfindungen von Privatpersonen ihre Anerkennung und z.T. mit bereits greifbare Marktchancen.

Zweifellos werden wir in Zukunft mehr High-Tech haben und es gibt Unternehmen, die sich intensiv damit befassen müssen. Aber es ist gänzlich falsch, diese Ansicht zu verallgemeinern und es ist darüber hinaus volkswirtschaftlich schädlich, eine allgemeine High - Tech- Ausrichtung der Wirtschaft anzustreben, denn genauso zweifellos sind auch auf den Gebieten Low-Tech und No-Tech riesige Geschäftspotentiale vorhanden.

Natürlich sind Innovationen von großer Bedeutung, aber genaugenommen betrifft nur ein kleiner Teil davon wirklich den Hochtechnologie-Bereich. High-Tech produziert Schlagzeilen, erregt öffentliches Aufsehen und fasziniert die Ingenieure. All das ist jedoch nicht wesentlich. Es wird die richtige Technik gebraucht, um Nutzen für den Kunden zu schaffen, egal ob es sich dabei um No-Tech, Low-Tech oder High-Tech handelt."

Bei aller Euphorie von gelungenem No-Tech, Low-Tech oder High-Tech kann es vorkommen, das Experten wichtige Hinweise übersehen, die sich außerhalb ihres Spezialgebietes abzeichnen und möglicherweise z.B. mit Spätfolgen unsere Umwelt schädigen.
Hier ist die Phantasie gepaart mit Allgemeinwissen gefragt, die häufig nur von unbelasteten Außenstehenden oder sogenannten Zufallsereignissen, bzw. Spontanideen zum Nachdenken anregen. Leider kommt es hierbei all zu oft vor, das Experten mit plakativen Titeln, die durchaus nachvollziehbaren und glaubwürdigen Ideen von "Laien" nicht nachgehen.

Mit meiner sehr frühen Vision, dass möglicherweise auch unsere europäischen Mücken den AIDS Virus übertragen könnten, habe ich bereits im "Vierten Kapitel" berichtet und offensichtlich Experten zum Nachdenken angeregt.

Leider musste ich aber auch die Erfahrung machen, das in Deutschland erst nach dem Titel gesehen wird und nicht nach der Brisanz des anliegenden Themas.

Ein Beispiel: "Treibhauseffekt und Ozonschädigungen".

Bereits vor Jahren habe ich versucht zu dem Thema beizutragen und mit meiner Meinung bei Wissenschaftlern Gehör zu finden. Leider beschränken sich die Antworten auf bekannte vielfältige Annahmen, die alle bisher nicht bewiesen sind. Ich vermisste bei allen eine Bereitschaft, auch meine Ideen mit aufzunehmen, die vielleicht in einem tatsächlichen Zusammenhang des globalem Treibhauseffektes mit allen Begleiterscheinungen stehen könnte.

Globale Temperaturmessungen haben ergeben, das zeitgleich seit der Erfindung des Funkverkehrs die Klimaerwärmung bis heute um 0,7 Grad angestiegen ist.

Der erste messbare leichte Anstieg erfolgte ca. 1920 als Langwellensender in Betrieb genommen wurden. Der nächste bereits größere Temperaturanstieg wurde ca. 1940 nachgewiesen als Kurzwellensender hinzu kamen.	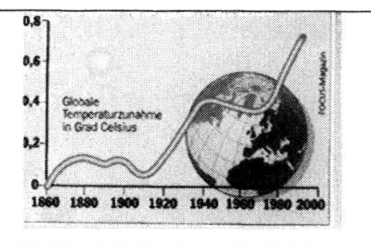

Ein extrem steiler Anstieg wird seit 1950 gemessen, der kontinuierlich mit der Einführung neuen Sendetechniken einher geht.

Heute wird mit Nachrichten-Satelliten die Erdoberfläche fast flächendeckend um ein vielfaches mit Sendeenergie beflutet.

Selbst wenn einige meiner Darstellungen z.Zt. noch utopisch erscheinen, so bleibt für mich doch weiterhin die Frage bestehen, inwieweit Sendeenergie Auswirkungen auf die Umwelt haben könnte.

Der seit Jahren mit Besorgnis zu beobachtende Anstieg der Temperaturen, mit allen Folgen, ist damit nach meiner Ansicht erklärbar. Denken wir in der Praxis an die Microwelle, die unsere Speisen erhitzt, oder an die Wärmetherapien in der Medizin. Hier werden u.a. zur Krebsbehandlung Frequenzen im UKW-Bereich verwendet und lokal Wärme von ca. 42 Grad erzeugt. Der gleiche Vorgang könnte sich in der Stratosphäre bzw. Atmosphäre durch die globalen hohen Sendefeldstärken der Nachrichtensatelliten wiederholen und damit u.a. auch die Klimaveränderungen verursachen.

Vergleicht man die seit ca. 25 Jahren rapide angestiegenen Umweltschäden mit dem zeitgleich stark angestiegenen Funkverkehr, sind Parallelen nicht zu verkennen.

Auch würde sich damit für mich erklären, wo die rund 30 Meter Tiefe Salzwasserschicht des Schwarzen Meeres, laut dem Bericht des Niederländischen Instituts für Meereskunde, in den vergangenen 30 Jahren verblieben ist.

Ähnlich wie mit meinem Chlorozon-Gerät, dass ich zur Reinhaltung des Wassers in meinem Schwimmbecken benutze, müsste sich auch der Elektro-Chemische Vorgang in unserer Atmosphäre verhalten.

In meinem Gerät wird mittels Schwachstrom, Salz in Chlorlauge und als Nebeneffekt u.a. auch Chlorgase erzeugt.

Bedenkt man, dass Glühbirnen in der Nähe eines Senders zum Leuchten gebracht werden können, so kann ich mir durchaus vorstellen, dass unser heutiges globales Sendeaufkommen ausreicht, aufsteigendes Meersalz aus den Weltmeeren chemisch umzuwandeln in Chlor und Chlorgas.

Ich stelle mir das folgendermaßen vor. Durch die aufsteigende Thermik gelangen Salze aus den Meeren in die Atmosphäre und werden als Schwebeteilchen, oder sogenannte Aerosole, mittels elektrischer Sendeleistung in der Atmosphäre, in Chlorlauge und Chlorgas umgewandelt. Diese chemischen Substanzen könnten tatsächlich für das immer größer werdende Ozonloch verantwortlich sein. Denken wir an das inzwischen verbotene FCKW-Gas, hier wurde nachgewiesen, dass dieses Gas die Ozonschicht zersetzt.

Was spricht also dagegen, das Sendeenergie und aufsteigende Meersalze, verantwortlich sein könnten, bei der globalen Klimaerwärmung und möglicherweise sogar für die Zersetzung der Ozonschicht.

Bei der Ursachenforschung haben sich die Wissenschaftler und insbesondere die Umweltschützer bisher auf Industrieabgase und Autoabgase eingeschossen. Hier sollen die Wellen von der Sonne zwar auf die Erdoberfläche auftreffen, aber durch Luftverunreinigungen wie in einer Käseglocke, auf die Erdoberfläche zurück reflektiert werden. Dieser verbleibende Restbestand wurde bisher im wesentlichen für die globale Erwärmung verantwortlich gemacht.

Für mich reichte diese Erklärung nicht aus und ist nach meiner Ansicht sogar widersprüchlich. Nach meiner Auffassung blieben bisher bei allen Überlegungen folgende Fakten unberücksichtigt

1.) Bei dem Ausbruch des Vulkans "Pinatubo" 1991, - dem bisher größten "natürlichen Experiment" zur Messung der Aerosol-Aktivitäten-, registrierten die Wissenschaftler 4,5 Watt/Quadratmeter Energieverlust - und eine deutliche Abkühlungsperiode.

Nach der bisher durch die Wissenschaftler vertretenen Theorie hätte aber eine Erwärmung eintreten müssen.

2.) Wo ist die 30 Meter Tiefe Salzwasserschicht des Schwarzen Meeres geblieben, bzw. was ist mit den fehlenden Meersalzen passiert.

3.) Wieso steigt auch die globale Temperatur gleichermaßen in Regionen wie z.B. in der südlichen Hemisphäre an. Hier sind außer flächendeckende große salzhaltige Meere keine Industrieabgase vorhanden.

Kann es nicht doch sein, dass die hohen Sendeenergien, Dynamik in das komplexe Klimageschehen auf der Erde bringen. Als anschaulicher Vergleich könnte hierbei die Mikrowelle oder die angewandte Kurzwelle in der Medizin heran gezogen werden. Fakt ist, dass die Wissenschaftler bisher keine Daten haben, die eindeutig beweisen, dass die von ihnen festgestellte Klimaerwärmung auf sogenannte Treibhausgase, <hier Industrieabgase oder Autoabgase>, zurückzuführen ist. Aber von all ihren Theorien, die diese Daten erklären können, passt ihnen anscheinend ihre Treibhaustheorie am besten.

Es scheint ein Privileg von uns Deutschen zu sein, in allen offenen Fragen, bzw. Unbekanntem, Experten zu bemühen und ausschließlich diese Ergebnisse ohne Vorbehalte anzunehmen. Quereinsteiger sind in unserem unzeitgemäßem System unbeliebt und ohne Titel finden sie kaum Gehör.

Denken wir an den Hauptmann von Köpenik, und die Auswirkung von Uniformen, dann dürfte es sicherlich für uns Deutsche von therapeutischem Wert sein, auch mit Titelträger kritischer umzugehen.

Bereits 1994 habe ich mich an Herrn Bundesminister Prof. Dr. Töpfer gewandt und vom "Bundesministerium für Umwelt" nur ein Antwortschreiben erhalten, in dem mir mitgeteilt wird, dass meine Dokumentation sehr Interessant ist und an die zuständigen Stellen weitergeleitet wird.

Leider habe ich keine weitere Antwort erhalten. Verfolgt man aber heute die Diskussionen der Fachleute, ist eine Abkehr zu der noch bis Anfang 1994 vertretenen Meinung, unverkennbar.

Je nach politischer Wetterlage, wird die alte Auffassung nur noch hervor geholt um damit Wählerstimmen zu sammeln und anstehende Steuererhöhungen dem Bürger zu erklären. Jüngstes Beispiel der "Grünen Partei", die Erhöhung der Benzinsteuer um 6 Pfennige.

Die eigentliche Ursache ist, die rund um den Erdball verteilten Satelliten mit ihren flächendeckend hohen elektrischen Sendeleistungen und, dass sich dadurch die Erdoberfläche erwärmt (wie in einer Mikrowelle). Alle anderen Theorien dem Vorzug zu geben, ist, wie die jüngsten verheerenden Stürme und Überschwemmungen zeigen, unverantwortlich.

Lieber Leser. Für vielen mag die Art meiner Überlegungen fremd sein. Anderen werden sie zu weiterführenden Gedanken anregen. Aber besonders würde ich mich freuen, wenn ich die bisher passiven Leser zum eigenem Nachdenken angeregt habe. Sie werden feststellen, dass damit ihr Leben um ein vielfaches bereichert und noch interessanter wird. Versuchen Sie es einmal. Wenn Ihnen kein Thema einfällt, nehmen sie einfach dieses:

Wir wissen, dass inzwischen unser Erdball fast flächendeckend durch elektrische Sendeleistung von Satelliten bestrahlt wird. Hinzu kommen noch alle elektrischen Geräte auf der Erde, z. B. Handy's, Fernsehgeräte, Lampen, Navigationshilfen u.s.w. die alle elektrische Energie erzeugen.

Und nun die Frage. Wird der bioelektrochemische Schaltprozess der Synapsen im Gehirn des Menschen dadurch beeinflusst oder nicht ?. Kann z.B auch diese biochemoelektrische Beeinflussung zu weiteren Veränderungen im Organismus führen ?. Interessant ? Na dann Los !
Ein Tip. Versuchen Sie bei Ihren Schlussfolgerungen Ihre eigene Identität zu behalten. Erlernen Sie auch zwischen den Zeilen zu lesen und kombinieren Sie dieses mit Ihren eigenen Kenntnissen, dann können Sie sich eine eigene unabhängige Meinung bilden.

Fünftes Kapitel
Firma Kolbatz Elektronic GmbH gegründet

Nachdem ich von der Erfindermesse wieder nach Hause kam, empfing mich meine Frau ganz aufgeregt und zeigte mir einen Stapel Post. Auf Grund der Resonanz auf der Messe, war ich ein wenig vorbereitet, aber der Berg überraschte mich doch, insbesondere da das Ausland so stark vertreten war.

Noch bevor ich die Post ansehen konnte, erzählte mir meine Frau von einem Telefonat, dass sie sehr berührte. Hier hatte eine Dame aus Berlin angerufen, die von meinem Rettungsgerät "Poolsolarm" in der Zeitung gelesen hatte.

Sie hat am Telefon geweint und berichtet, dass ihr dreijähriger Junge vor 14 Tagen in ihrem Pool ertrunken ist. Sie wirkte am Telefon total verstört und meine Frau hatte den Eindruck, dass sie keinen Lebensmut mehr hatte.

Meine Frau versuchte beruhigend auf sie einzuwirken, hierbei kam ihr vielleicht ihre Ausbildung als Krankenschwester zu Gute, denn nach ca. 20 Minuten konnte sie sich einigermaßen vernünftig mit ihr unterhalten. Hierbei kam heraus, dass sie ihr Kind nur für den Moment aus den Augen gelassen hatte, als sie zur Gartentür ging um von dem Postboten die Post in Empfang zu nehmen. Sie meinte, wenn sie früher von unserem Gerät gehört hätte, hätte sie sich das Gerät auf jenen Fall angeschafft und ihr kleiner Liebling könnte heute bestimmt noch leben.

Während meine Frau so erzählte, dachte ich bei mir, oh je, da muss sie sehr stark gewesen sein, denn in der gleichen Situation war ich auf der Messe.

Hier trat ein Elternpaar an mich heran. Er war Kinderarzt und berichtete, dass sein Junge vor einem Jahr im Nachbargrundstück im Pool ertrunken ist. Während er erzählte holte seine Frau ein Taschentuch heraus und trocknete ihre Tränen. In mir regte sich etwas, was ich glaubte als Mann unter Kontrolle zu haben.

Aber ich muss gestehen, dass ich meine Gefühle nur einigermaßen unter Kontrolle halten konnte, weil ich versucht habe an etwas anderem zu denken.

Nachdem wir von dem tragischen Unfall Abstand gewonnen hatten, fragte ich, ob er weiß, wie lange ein Kleinkind unter Wasser bleiben kann ohne dass durch Sauerstoffmangel cerebrale Gehirnschäden eintreten. Er war sich sicher, dass je nach Wassertemperatur bis zu 20 Minuten keine Spätfolgen eintreten und durch den Alarm von meinem Gerät, die zeitaufwendige Suche nach einem vermissten Kind wegfällt und somit ein Kind alle Überlebenschancen hat.

Die fachliche Information des Kinderarztes waren für mich von besonderer Bedeutung und bestätigte mir noch einmal, dass tatsächlich unbeaufsichtigte Pool's und Gartenteiche mit "POOLSOLARM" sicherer gemacht werden konnten. Lediglich der Zeitfaktor bis zum Auffinden des Kindes spielt eine Rolle.
In der Praxis wird aber ein vermisstes Kind in dem umzäunten Schwimmbecken nicht vermutet, so dass die Suche an anderen Orten erfolgt. Hierbei kommt durch die zeitaufwendige Suche, die durch ein Alarmsignal hätte vermieden werden können, leider allzu oft jede Hilfe zu spät.
Besonders gefährdet sind Kinder bis zu einem Alter von 7 Jahren, da sie sich bevorzugt Spielplätze suchen, die von Erwachsenen verboten wurden. Hierbei wird der Ideenreichtum der Kinder, Hilfsmittel zum überwinden eines Zaunes zu finden, von den Erwachsenen meistens unterschätzt.

Wie wichtig dieses Gerät war wurde mir immer deutlicher. Besonders als ich die ca. 300 Briefe die noch auf meinem Schreitisch lagen las, war für mich klar, dass es kein zurück gab, sondern dass ich handeln musste.

Die Briefe waren von leidgeprüften Eltern, dem Handel, aber besonders viele Importeure aus dem Ausland die Exklusiv-vertriebsrechte für mein Gerät in ihrem Land haben wollten.

Mit den gesamten Informationen bin ich zu eine Reihe von in Frage kommenden Firmen gegangen und habe versucht auf Lizenzbasis einen Hersteller zu finden. Ohne Erfolg. Denn einen war die Technik zu neu. Anderen die Investitionskosten zu hoch. Dritte hatten Angst vor Schadenansprüche aus der Produkthaftung wenn das Gerät einmal versagen würde.

Mir blieb also nichts anderes übrig als selbst eine Firma zu gründen und die Geräte herzustellen. Von meinem Fernsehgeschäft, das ich schon über 25 Jahre hatte, teilte ich ca. 50 qm für die neue Firma ab und meldete diese unter dem Namen "Kolbatz elektronic GmbH" bei der Handelskammer an.

Hier entstanden bereits die ersten Probleme mit unserem Deutschen System.
Sowohl die Handelskammer als auch die Handwerkskammer bestanden darauf, das ich einen Meister einstellte, da es sich hierbei um eine handwerkliche Tätigkeit handelte. Auf meine Frage hin, aus welcher Fachrichtung der Meister kommen muss, erhielt ich Achselzucken mit der Bemerkung, "das müssen sie doch am besten wissen".

Ich erklärte die Funktionsweise meines Gerätes und das es bisher auf Grund der Innovation noch keine Berufsbranche gibt, in der ein Meister alle erforderlichen Wissensgebiete abdeckt. Ein Meister müsste somit von mir erst angelernt werden. Die Antwort war "so etwas gibt es gar nicht, dann müssen sie sich eben so viele Meister suchen wie sie benötigen".

 Nach vielem hin und her waren sich die Herren einig, dass mindestens drei erforderlich sind, die in der Gesamtheit wenigstens annähernd meine fachliche Richtung abdecken könnten.

Für mich war nicht nur aus finanziellen Gründen diese Forderung unannehmbar, sonder völlig irrwitzig, da ich noch niemandem hatte der die Geräte montierte, aber dafür drei Meister, ohne fachliche Qualifikation mit meiner innovativern Technik.

Die Situation sah für mich aussichtslos aus, jedoch konnte und wollte ich mich nicht geschlagen geben. Einige Tage später las ich in der Zeitung die Überschrift "zwei Brüder im Schwimmbecken ertrunken". Hier hatte ein fünfjähriger versucht seinen dreijährigen Bruder aus dem Wasser zu holen und ist dabei ebenfalls ertrunken. Mit diesem Bericht bin ich wieder zur Handelskammer gegangen und habe gefragt, ob sie hierfür künftig die Verantwortung übernehmen wollen.

Nachdem wir noch einige unterschiedliche Meinungen ausgetauscht haben, merkte ich doch, dass er nachdenklicher wurde. Er führte mich eine Etage höher in ein Zimmer und bat mich dort zu warten. Nach einer Weile wurde ich in das angrenzende Zimmer hineingerufen. Bereits während ich meine Probleme noch einmal erzählte, hatte ich den Eindruck, dass hier zugehört und ernsthaft nach Lösungen gesucht wurde. Ich sagte zum Schluss, dass hier ein Sonderfall vorliegt und entsprechend behandelt werden muss. Dieser Satz muss anscheinend die Initialzündung gewesen sein, denn er sagte, wir werden Ihre Gesellschaft als Industrie Unternehmen eintragen, damit können wir die Handwerksordnung umgehen und Sie brauchen keine Meister einzustellen.

Es dauerte nicht lange und ich bekam meine Gewerbegenehmigung mit dem Eintrag "Kolbatz Elektronik GmbH" "Herstellung und Vertrieb von Schwimmbadalarmanlagen mit elektronischem Zubehör".

Sechstes Kapitel
Aufbau der ersten Produktion/Vertriebsstätte

Für meine ersten kommerziellen Gehversuche auf den Gebieten
1. Verbraucher freundliche Entwicklung des Gerätes.
2. Aufbau und Produktpflege im Internationalen Markt.
3. Mobilisierung der internationalen Presse

stand mir für die Kolbatz Elektronic GmbH ein ca. 50 qm großer Raum neben meinem Fernsehgeschäft zur Verfügung. Hinzu kam auf meinem ca. 10 km entfernten Grundstück ein Schwimmbecken für Testzwecke, ein kleiner Raum in dem ich meine Produkte weiter entwickeln konnte und eine Garage mit zusätzlich überdachtem Unterstand für die Lagerhaltung.

Meine neue Aufgabe war für mich eine hoch interessante Herausforderung, jedoch durfte ich dabei meiner Verpflichtung gegenüber meinem Lehrmädchen und meinem Techniker, die im Fernsehgeschäft tätig waren nicht vernachlässigen. Durch den günstigen Standort neben dem Geschäft war ich zu jeder Zeit erreichbar und konnte somit auch dort meine Arbeit fortsetzen.

Für die neue Gesellschaft richtete ich zwei Arbeitsplätze mit entsprechenden Werkzeugen und Messinstrumente ein.

Eine fachlich geeignete Montiererin und eine Studentin war schnell gefunden, so dass die ersten Mustergeräte hergestellt werden konnten. Alle Geräte habe ich anschließend in meinem Schwimmbecken auf einwandfreie Funktionstüchtigkeit getestet, bevor sie versandt wurden.

Die Herstellung der ersten Geräte waren noch sehr zeitaufwendig, so dass hier nur vier Geräte pro Tag hergestellt werden konnten. Um hier halbwegs kostendeckend arbeiten zu können, musste ich mindestens einen Verkaufspreis in Höhe von DM 1.289,-- erzielen.

Meine Befürchtung, dass der hohe Preis vom Kauf abschreckt bestätigte sich nur bei einigen. Weit aus größere Probleme sah ich aber bei der Konsumenten gerechten Designgestaltung und für den Laien verständliche Handhabung des Gerätes.

Hier machte sich nicht nur die fehlende Konkurrenz bemerkbar in deren aufgebauten Markt ich hätte einsteigen können, sondern hinzu kam, dass ich keinen hatte von dem ich wenigstens Ansatzweise mir hätte eine Inspiration holen können.

Hinzu kam, dass keine Erfahrungswerte bei der Materialbeschaffenheit für derartige Geräte vorlagen, die auch unter extremen Bedingungen in Pool's eingesetzt werden konnten. Das Gerät musste große Hitze durch Sonneneinstrahlung in südlichen Ländern, so wie extreme Kälte im Norden standhalten. Selbst ätzende Chlordämpfe durften das Gerät nicht verändern. Andererseits musste ich aus Umweltschutzgründen abbaubare Materialien verwenden.

Ich stand hier besonders unter Druck, denn mein endgültiges verkaufsfertiges Gerät musste nicht nur diese Kriterien erfüllen, sondern bei dem Betreiber optisch vertrauenserweckend wirken und absolut, dass heißt zu 100% zuverlässig sein.

Ich habe beschlossen die endgültige Designgestaltung und Handhabung zu einem späteren Zeitpunkt festzulegen. Hierbei wollte ich auch Wünsche und Vorschläge von Schwimmbadhändlern mit einbinden. Mein vorrangiges Ziel war , vorerst mit den vorhandenen Mustergeräten eine Vertrauensbasis zur Technik aufzubauen. Hierfür habe ich von der Technischen Fachhochschule Berlin ein Gutachten erstellen Lassen.

Die beiden Professoren, Prof. Dr. Sternberg und Prof. Dr. Fritz waren ungläubig, als sie mein Gerät im Pool sahen und meinten, dass die Gegenstromanlage grundsätzlich Fehlalarm auslösen muss und warum ich nicht ganz einfach ein Hydrophon nehme.

Nachdenklich wurden sie als ich ihnen sagte, dass ein Hydrophon eine ständige Stromquelle benötigt und mein Gerät nicht. Hinzu kommt noch, dass in einem Schwimmbecken starke Umgebungsgeräusche vorhanden sind, (wir kennen dieses wenn wir in der Badewanne untertauchen) und dieser Geräuschpegel entschieden höher ist, als wenn ein Kleinkind in den Pool rutscht. Wie soll also ein Hydrophon unterscheiden, das gerade draußen ein LKW mit 60 Dezibel vorbei fährt, andererseits ein hinein rutschendes Kind aber höchstens 10 Dezibel auslöst.

Die beiden Professoren waren skeptisch, dass in einem Pool derart hohe Eigengeräusche vorhanden sind und vertagten den Test. Ihr Anliegen war, der Sache auf den Grund zu gehen und wollten sich hierfür Messgeräte aus einem Institut aus Hannover schicken lassen.

Nach etwa 14 Tagen bauten sie auf meine Terrasse einen Messplatz auf und hängten ein Hydrophon in mein Schwimmbecken. Bereits die ersten Messungen ergaben einen Geräuschpegel von Zeitweise über 30 Dezibel. Sie fragten mich, ob ich die Umwälzanlage anhätte oder sonst ein elektrisches Gerät. Ich verneinte und sie überzeugten sich anschließend vorsichtshalber selbst davon.

Erst zu diesem Zeitpunkt hatte ich den Eindruck, dass sie mich etwas ernster nahmen und die Barriere zwischen einem Experten und einem Laien kleiner wurde.

Ich schaltete alle elektrischen Geräte, auch die Umwälzanlage vom Pool wieder ein um zu demonstrieren, dass diese Geräte keinen Einfluss auf die Funktionstüchtigkeit meines Gerätes haben.

Das Poolsolarm- Gerät war am Beckenrand, gegenüber den Einlaufdüsen von der Umwälzanlage aufgestellt und eingeschaltet. Beide Professoren standen neben dem Gerät.

Bei meinen ersten Versuchen habe ich eine Wärmflasche in 11,5 Meter Entfernung auf den Schwimmbeckenrand gelegt und mit dem Fuß auf die ca. 15 cm tiefer befindliche Wasseroberfläche gestoßen. Nach ca. 1 Meter ebbten die Wellen ab und nach 2 Meter war auf der Wasseroberfläche keine Bewegung zu sehen. Und dennoch löste das Poolsolarm-Gerät nach ein paar Sekunden einen durchdringend lauten Alarm aus, so dass die beiden Professoren sich erschraken.

Ihren Gesichtsausdruck und die anschließende Bemerkung "ich soll sie doch nicht veralbern, ich habe doch den Alarm mit etwas anderem ausgelöst" habe ich bis heute nicht vergessen.

Ich wiederholte den Test unter gleichen Bedingungen und das Gerät meldete auch dieses Mal Alarm. Daraufhin musste ich mich weit weg vom Pool stellen und während die Herren mich genau beobachteten, führten sie den Versuch selbst durch. Auch hierbei löste das Gerät zuverlässig Alarm aus. Sie wiederholten mehrmals ihre Tests, jedes Mal mit dem gleichen Ergebnis.

Nachdem ich versucht habe den Ablauf unterhalb der Wasseroberfläche die Wirkungsweise des Poolsolarm-Systems zu erklären, waren die Herren sich einig, dass sie in ihrem Institut weitere Tests durchführen müssen, um meine Behauptung bestätigen zu können. Sie werden dabei u.a auch Fachleute aus Hamburg hinzuziehen, die im Wasserströmungskanal Versuche für den Schiffbau durchführen.

Nach ca. 4 Wochen bat mich Herr Professor Fritz zu sich in sein Institut und bestätigte meine Angaben. Das Gespräch war sehr angenehm und aus seinen Erzählungen konnte ich entnehmen, dass sie sich mit großem Interesse und Aufwand meinem Gerät angenommen haben. Er überreichte mir ein 12 seitiges Gutachten in dem auf der letzten Seite als Zusammenfassung stand:

5. Zusammenfassende Stellungnahme

Es läßt sich aufgrund unserer Funktionsversuche und der durchgeführten schalltechnischen Messungen aussagen, daß das System zur Überwachung von Schwimmbecken "Poolsolarm" einwandfrei und zuverlässig arbeitet.

Aufgrund unserer Beobachtungen und Untersuchungen sind wir der Meinung, daß das System "Poolsolarm" aus sicherheitstechnischen Aspekten für alle offenen Schwimmbad- und Teichanlagen als **sehr empfehlenswert** eingestuft werden kann.

ILFA-INSTITUT BERLIN

Prof.Dr.J.STERNBERG   Prof.Dr.A.H.FRITZ

Wir fachsimpelten noch ein wenig und hierbei gestand er, dass er sich anfangs sehr schwer getan hat, den Ablauf unter der Wasseroberfläche nach zu vollziehen. Es gibt bisher umfangreiche Literatur im Bereich Wasserverdrängung und Strömungsabrisse bei Schiffen, aber keine Abhandlung über meine für ihn sehr interessanten Erkenntnisse der Unterwasserbewegung.

Mit dieser Aussage war mir klar, dass der Schwimmbadhandel ungläubig auf mein Gerät reagierte und ich wusste, dass mir noch viel Aufklärungsarbeit bevorstand. Es wird für mich nicht einfach sein, als Außenstehender die Schwimmbadfachleute davon zu überzeugen, das ihr erlerntes falsch war. Die Ausbreitung der Wasserströmung, unterhalb der Wasseroberfläche, sich also anders verhält als sie in ihrer Werbung darstellen.

Meine Befürchtung, dass alleine Informationsschreiben noch kein Umdenken zur Folge haben wird, sollte sich leider erst später bestätigen.

Mein vorrangiges Ziel war somit vorprogrammiert und ich musste als Erstes Vertrauen zu meiner Unterwasserabtasttechnik und somit zu meinem Poolsolarsystem schaffen.

Hierzu konnte vorerst das Gutachten, aber auch der Handwerkerpreis, den ich in der Zwischenzeit, persönlich von unserem Berliner Senator für Wirtschaft und Arbeit, Herrn Senator Elmar Pieroth verliehen bekam, beitragen.
Ich möchte hierbei nicht verschweigen, dass ich mich über die Auszeichnung und den finanziellen Betrag gefreut habe und auf Grund der Verleihung des Handwerkerpreises, einige Tage später bei der Deutschen Bank, zum Essen eingeladen wurde.

Für mich sollte die Einladung eine Ehrung sein. Ich selbst hätte aber für derartige Ehrungen nicht viel übrig und wenn meine Frau nicht so auf mich eingeredet hätte, hätte ich am liebsten abgesagt.

Viel mehr beschäftigte ich mich mit der Frage, wie kann ich am schnellsten und ohne hohe Kosten auf mein Gerät aufmerksam machen. Hierbei die Zuverlässigkeit unter Beweis stellen und gleichzeitig das Sicherheitsbewusstsein bei den Eltern wecken.

Mit meinen bisherigen Rundschreiben hatte ich nur wenig Erfolg. Die Ergebnisse bei meinen besuchten Schwimmbadhändlern ließen zwar hoffen, aber der Aufwand war zu groß. Hilfreich wäre eine Internationale Schwimmbadmesse, zu der ich alle hätte einladen können und bei einem Art Seminar aufklärend wirken können. Leider fand aber erst die nächste Messe am Ende des darauffolgenden Jahres statt, so dass ich diese Idee vorerst verschieben musste.

Was nun ?! - Auf der einen Seite kam ich nicht weiter und auf der anderen Seite ertranken aber in der Zwischenzeit Kinder. Hierbei kam mir der Gedanke, das es doch im öffentlichen Interesse sein müsste, wenn das Gerät so schnell wie möglich bekannt wird. Ich habe daraufhin, einige Zeitungen, sowie Rundfunk und Fernsehanstalten angeschrieben und für die Vorführung meines Gerätes zu mir nach Hause eingeladen.

Es kamen alle. Im Garten waren ca. 50 Reporter, z.T. mit Kameras und Beleuchtung. Mit dem Buffet das meine Frau aufgebaut hatte, war es wie bei einer Gartenpartie nur ohne Musik.

Um die Vorführung effektvoll gestalten zu können, habe ich einen Jungen von einem Schwimmverein eingeladen, der sich in den Pool fallen lassen sollte.

Die Vorführung war ein voller Erfolg. Der Fernsehsender SAT 1 brachte die komplette Vorführung, mit meinem anschließendem Interview in ungekürzter Länge, in den Abendnachrichten. Andere schilderten die Vorführung auf der Titelseite und im Radio wurde die Reportage mehrmals wiederholt. Noch nach Tagen wurde ich von anderen, in's Studio gebeten.

Mir war klar, dass ich hiermit nicht nur effektiv das Sicherheitsbewusstsein der Eltern wecken konnte, sondern auch Vertrauen zum Gerät. Mir war aber auch klar, dass diese Veröffentlichungen nur überwiegend regional die Eltern erreichten und alles allzu schnell wieder in Vergessenheit geraten wird.

Obwohl das Gerät noch nicht seine endgültige Form hatte wurde es gekauft und es kamen keine Beanstandungen. Selbst der hohe Preis von DM 1.298,- störte offensichtlich nicht. Aber der richtig große Markt schien doch in Ausland zu sein. Offensichtlich war hier das Sicherheitsbewusstsein gegenüber den gefährdeten Kleinkindern am Pool ausgeprägter als in Deutschland.

Dieses zeigte sich jedenfalls an Hand der mir vorliegenden internationalen Nachfragen. Hier stand ich, um nur einige zu nennen, mit Importeuren aus Saudi-Arabien, Australien, Neuseeland, Singapur und den USA im schriftlichen Kontakt. Ihr Ziel war es, das Gerät zu einem annehmbaren Preis mit vertraglich zugesicherten Exklusivrechten für ihr Land zu erhalten.

Die Exklusivrechte mit einer vertraglich garantiert hohen Stückzahl waren für sie Bedingung, um ihre hohen Investitionskosten bei der Marktaufbereitung decken zu können. Ich konnte zu der Zeit die geforderten hohen Stückzahlen nicht liefern, so dass ich alle vorerst vertrösten musste.

Einer von Ihnen, den ich auf der Erfindermesse kennen gelernt habe ließ jedoch nicht locker und besuchte mich. Es war der Vice-President Mr. A. Shusterman und der President Mr. S. Kaner vom Israelischen Erfinder-verband.
Von den Herren erhielt ich meine erste Lektion in Punkto Verhandlungen. Wir stritten uns in den darauffolgenden zwei Tagen zum Teil auch um Kleinigkeiten und als ich dachte nun sind wir uns über alles einig, fingen sie am dritten Tag von vorne an.

Fazit der Geschichte war, das sie nicht nur 100 Poolsolarm- Geräte ohne jegliche Zugeständnisse abgenommen haben, sondern zusätzlich noch meinen Hausalarm, im Warenwert von rund DM 50.000,-- abnehmen mussten. Der Vertrag wurde von ihnen mit Stempel, Unterschrift und einem gemeinsamen Foto besiegelt.

Für mich war diese Art von Verhandlungen völlig neu, aber im Ergebnis besser als erwartet. Ich dachte bei mir "oh je, wenn alle künftigen Verhandlungen so anstrengend verlaufen, dann hast du dir aber was vorgenommen."

Ich glaube nicht, das zu dem guten Vertragsergebnis alleine mein ausdauerndes Verhandlungsgeschick zu diesem Erfolg führte, sondern das Produkt selbst.

Übereinstimmend schilderten beide Herren von tragischen Unfällen mit Kleinkindern im Pool und sahen mit meinem Gerät hier eine Chance Abhilfe zu schaffen.

Alarm sorgt für Sicherheit an Pool und Teich

Ungesicherte Schwimmbecken und Gartenteiche können für Kinder eine Gefahrenquelle sein. Das von der Berliner Firma Kolbatz (Langenauer Weg 21, Berlin 27, ☎ (W) 4 31 82 99) entwickelte Poolsolarm Hawai kann zwar nicht den möglichen Sturz ins Wasser verhindern, wohl aber, daß er unbemerkt bleibt. Das einfach zu installierende Gerät (hinstellen, einschalten, fertig) gibt bei unerlaubter Poolbenutzung einen vierminütigen Alarmton von sich, der auf das Unglück hinweist. Zusätzlich zur einfachen Ausführung (Preis 598 DM) gibt es noch ein Gerät, das über einen Hausempfänger Alarm in den eigenen vier Wänden auslöst (698 DM).

Urteil: Vorsicht bei Schwimmbecken

■ Der Eigentümer eines privaten Grundstücks, auf dem sich ein in den Erdboden eingelassenes Schwimmbecken befindet, dessen Rand 0,20 m über den Boden ragt und das eine Wassertiefe von 1,10 m aufweist, hat eine Gefahrenquelle geschaffen, gegen die er zumutbare Sicherungsmaßnahmen ergreifen muß. Zwar besteht die Verkehrssicherungspflicht nicht gegenüber Personen, die sich unbefugt auf das Grundstück begeben. Dies gilt aber nicht gegenüber Kindern, denn hier müssen Spieltrieb und Neugier berücksichtigt werden. Ihnen gegenüber haftet daher der Schwimmbad-Eigentümer, wenn es zum Schadensfall kommt. (OLG Köln, Az.: 13 U 18/93). *J-L-P*

Auf einen Blick

■ **Swimmingpool absichern**

Wer in seinem Garten ein Schwimmbecken hat, der muß dafür sorgen, daß Nachbarskinder nicht unbemerkt auf das Grundstück kommen und in den Pool fallen können. *(Oberlandesgericht Köln – 13 U 18/93)*

Schriller Alarm, wenn das Kind ins Becken plumpst

Am Rande des Swimmingpools macht Mathias noch einen Schritt nach vorne. Mit lautem Platschen landet er im kalten Wasser. Sekunden später schrillt eine ohrenbetäubende Sirene durch die Siedlung am Langenauer Weg: Die neueste Erfindung von Klaus-Peter Kolbatz hat funktioniert.

Als Erfinder betätigt sich der 45jährige Fernsehtechniker und Kaufmann schon länger. Aus seiner Werkstatt stammt ein bereits patentiertes Mückenabwehr-Amulett, eine Anlage, die undichte Stellen in Dach oder Fußboden leicht orten läßt, ein handlich mobiles Alarmgerät und eben der „Poolsolarm".

Am Rande des Swimmingpools befestigt, reicht ein langer Arm mit einem Schalltrichter in das Becken. Von diesem werden Veränderungen registriert, wie sie unter der Wasseroberfläche auftreten, wenn zum Beispiel ein Kind in das Becken fällt. „Not macht erfinderisch", benutzt Kolbatz das Sprichwort, das sich in seinem Fall bewahrheitet: „Als meine Kinder im Alter von drei und vier Jahren in unseren Pool fielen, machte ich mir Gedan-

ken, wie ich sie besser schützen könnte." Der siebenjährige Mathias, der an diesem sonnig-kalten Aprilmorgen lediglich zu Demonstrationszwecken in das Becken stürzte, war allerdings zusätzlich mit einem Taucheranzug vor der Kälte geschützt.

„100 000 Mark mußte ich in die Entwicklung stecken", rechnet der Heiligenseer Erfinder heute nach. „Vor allem sollte das Gerät auch Alarm geben, wenn man es ausschaltet oder entfernt." Immerhin liegem dem Tüftler bereits 70 Bestellungen für den „Poolsolarm" vor.

Viel Erfolg verspricht sich Klaus-Peter Kolbatz auch von seinem Mückenabwehr-Amulett. „Durch eine bestimmte Tinktur, die durch Körperwärme aktiviert wird, werden die Insekten vertrieben", verspricht der Heiligenseer. Für fünf Mark soll das Amulett demnächst in den Handel gehen. Das Erfinden selbst ist für Kolbatz nichts Außergewöhnliches, denn: „Kleine Erfinder sind wir doch alle – zu Hause oder am Arbeitsplatz, ohne daß es uns immer richtig bewußt wird." *Klaus Sturm*

Klaus-Peter Kolbatz mit seiner selbstkonstruierten Anlage, die Kinder vor dem Ertrinken im privaten Swimmingpool schützen soll.   Foto: Sturm

Siebentes Kapitel
Wer der Bank vertraut hat auf Sand gebaut ?!
Sparkasse und BIB stiegen ein

Eines Tages besuchte mich der Filialleiter, Herr Kroß, von der Sparkasse, bei der ich schon mit meinem Fernsehgeschäft seit 25 Jahren Kunde war. Ich habe Herrn Kroß in der gesamten Zeit als einen ruhigen, ja fast emotionslosen , aber in seinem Aufgabengebiet, sachlich sehr kompetenten Leiter seiner Filiale kennen gelernt. Doch heute war er genau das Gegenteil. Er wirkte beschwingt, fast heiter, so dass ich ihn fragte, ob es etwas gibt wo ich mich mit freuen kann. Er meinte, dass ihm mein Poolsolarmgerät keine Ruhe gelassen hat und er mir gerne bei der Finanzierung oder wo er mir sonst helfen kann, helfen will.

Er hat bereits mit einer Frau Schotz gesprochen, sie ist Leiterin der KBG-Bank. Diese Kapital-Beteiligungs-Gesellschaft ist eine Tochtergesellschaft der Sparkasse und Frau Schotz würde mich gerne kennen lernen. Sie findet mein Gerät sehr interessant und kann sich durchaus vorstellen, dass ihre Bank mit einem höheren Betrag, im Form einer Risikokapital-Beteiligung, sich an meiner Gesellschaft beteiligt. Nachdem Herr Kroß mir die Vorzüge überzeugend darstellte, vereinbarte er bei Frau Schotz einen Termin für ein gemeinsames Gespräch.

Die Bank lag mitten im Stadtkern und war wie ein Hochsicherheitrakt gesichert, so dass wir unten vom Eingang zum Konferenzraum in der sechsten Etage von einem Bediensteten begleitet wurden.

Bei der Gesprächsrunde waren noch zwei weitere Herren von der Bank anwesend. Nachdem Frau Schotz, das Firmenprofil der Kapitalbeteiligungsbank, kurz KBG-Bank vorgestellt hatte, lobten alle meine Erfindung in einem Maße, dass es mir schon peinlich war.

Hinzu kamen ihre wirtschaftlichen Erfolgsprognosen, mit denen ich mich bis zu dem Zeitpunkt in der Größenordnung nicht beschäftigt hatte und wollte, denn bisher war mein vorrangiges Ziel, so schnell wie möglich für die gefährdeten Kleinkinder am Pool Sicherheit zu schaffen.

Nachdem ca. eine Stunde vergangen war und sie immer noch nicht zur Sache kamen, wagte ich den Schritt nach vorne und fragte wie sie sich die Beteiligung im Einzelnen vorstellen. Frau Schotz sagte, das sie eine Firma an der Hand hätten, die sie auch finanziert haben. Die Firma hätte Kapazitäten frei und könnte meine Geräte herstellen. Ich könnte bei der Firma mit meiner Erfindung einsteigen und würde somit selbst Investitionskosten sparen.

Der Vorschlag klang plausibel, war aber völlig entgegen meinen bisherigen Vorstellungen. Ich versuchte das zu erklären. Daraufhin folgte ein taktieren das ich unter der Rubrik "Zuckerbrot und Peitsche" verbucht habe. Frau Schotz gab mir zu verstehen, das sie grundsätzlich Erfindern die notwendige Qualifikation im kaufmännischen Bereich nicht zutrauen und somit zu dem Zeitpunkt keine finanzielle Beteiligung in meiner Gesellschaft anstreben. Ich war innerlich wütend, ließ es mir aber nicht anmerken und bat höflich um Bedenkzeit. Frau Schotz meinte dann noch, dass ich nicht so lange warten soll und wir wurden von ihr zum Ausgang begleitet.

Die Bemerkung, dass sie Erfindern die notwendige Qualifikation im kaufmännischen Bereich nicht zutrauen, mögen begründete Erfahrungswerte der Bank sein. Danach zu handeln ist eine Sache. Dieses aber dem Beteiligten ins Gesicht zu sagen, empfand ich als schmerzlich und für meine Person als unangemessen. Frau Schotz wusste, dass ich seit 25 Jahren ein Fernsehgeschäft hatte und alle Höhen und Tiefen, die eine Selbständigkeit mit sich bringt, bisher erfolgreich bestand.

Obwohl ich die Art nicht billigen konnte, habe ich mich intensiv mit ihrem Vorschlag auseinander gesetzt und von der Firma mit der ich kooperieren sollte Erkundigungen eingeholt.

 Hierbei stellte sich heraus, dass die Firma seit längerem rote Zahlen schreibt. Ihr Produkt, dass sie bisher herstellte, auf dem Markt keinen Absatz fand und die KBG-Bank als Geldgeber, somit um die Einlagen bangen musste.

Ich habe daraufhin in einem höflichen Schreiben bei der Bank abgesagt. Zu dem Zeitpunkt konnte ich allerdings noch nicht ahnen, welche Auswirkungen sich zwei Jahre später einstellen werden, als ich bei anderen Kapitalgesellschaften vorsprach.

Einige Tage später traf ich wieder mit Herrn Kroß zusammen und wir analysierten das Gespräch bei der KBG-Bank. Er drückte sein Bedauern aus und hatte persönlich auch etwas anderes erwartet.

Nach seinen Informationen wird zur Zeit ein neues Programm vom Senat aufgelegt, das erstmals auch Jungunternehmern, für den Start, mit finanziellen Mitteln unter die Arme greift. Sollte ich hierbei seine Unterstützung benötigen, soll ich ihn ansprechen und er wird mir gerne helfen. Wir könnten auch gemeinsam bei dem Senat vorsprechen.

Er hatte Recht. Das Programm war für Jungunternehmer, die innovative Produkte hatten und erfolgversprechend auf dem Markt lanciert werden konnten und hierfür aber keine ausreichenden Eigenmittel zur Verfügung standen.

Gemeinsam mit Herrn Kroß bin ich zur zuständigen Stelle der TVA gefahren und habe nähere Informationen eingeholt. Die Satzungen sahen vor, dass die Gesamtfinanzierung zu einem Drittel aus Eigenmittel, ein Drittel durch die Hausbank und ein Drittel über den Innovationsfonds des Senats finanziert wird. Weiterhin ein Marktbericht für den Absatz in Deutschland der kommenden zwei Jahre durch einen Unternehmensberater erstellt werden muss, der dann von dem Senat, der TVA und der Berliner Industriebank begutachtet werden.

Leider stand von diesen Auflagen in dem Prospekt nichts drin, denn sonst hätte ich mich wahrscheinlich damit überhaupt nicht befasst. Der Markt im Ausland zeigte, dass hier sofort langfristige Lieferverträge abgeschlossen werden können. Voraussetzung war aber, das ich auch in der Lage bin, kontinuierlich hohe Stückzahlen zu liefern. Genau hier lag der Schwachpunkt in meiner augenblicklichen Situation.

Denn bereits mit dem Auftrag nach Israel und einigen kleinen Bestellungen in Deutschland war ich an der Grenze meiner Produktionskapazität gestoßen. Übereinstimmend waren die Herren der Ansicht, ich solle mich vorerst mit dem Absatz auf dem deutschen Markt konzentrieren..

Ich konnte den Herren von der TVA auch nicht widersprechen als sie sagten, "die Konkurrenz schläft nicht und wenn ich nicht schnell handele, muss ich damit rechnen, dass andere die Nutznießer sind". "Sie würden es schade finden wenn meine einzigartige Erfindung dadurch den Bach runter ginge, in dem ich an meine augenblicklichen Möglichkeiten festhalte.". "Die TVA würde mein Projekt positiv bewerten und einer Finanzierung aus dem Innovationsfonds des Senats zustimmen. Natürlich muss der Senat selbst und die Berliner Industriebank noch ihre Zustimmung geben, aber sie haben hierbei ein gewichtiges Mitspracherecht und ich kann davon ausgehen, das mein Vorhaben bewilligt wird". Herr Kroß sagte auch seine Bereitschaft zu, das seine Bank hinter dem Produkt steht und anteilig ein Drittel Finanzierung übernehmen werden.

Nachdem man mir auch die durchaus interessanten Konditionen näher erläuterte, hatte ich keine Argumente mehr die gegen eine derartige Finanzierung sprachen und sagte zu.

Während ich mit Herrn Kroß nach Hause fuhr, sagte er, ich soll einmal an die Worte von Frau Schotz denken die sagte "das sie grundsätzlich Erfindern die notwendige Qualifikation im kaufmännischen Bereich nicht zutraute". Er glaubt, wenn ich hier nicht zugegriffen hätte, wäre er nicht nur enttäuscht gewesen, sondern auch Frau Schotz hätte mit ihrer Äußerung Recht behalten.
Ich erzählte ihm, dass ich noch ein großes Probleme auf mich zukommen sehe. Er sagte "wie so ?" . "Ich habe selbst nur begrenzte finanzielle Mittel zur Verfügung. Die Satzungen des Innovationsfonds besagen aber, das auch von mir ein Drittel von der gesamten Finanzierung erbracht werden muss.

Ich befürchte, dass ich hier nicht mithalten kann". Er antwortete, "wir müssen abwarten, was der Finanzbedarf in dem Marktbericht aussagt. Ich solle abwarten und mir darüber im Augenblick keine Gedanken machen". Nach einigen Tagen erschien bei mir Herr Smarbeck vom H & T Unternehmensberatung. Seine Fragen für die Marktstudie beschränkten sich auf den Stand der Produktentwicklung und Weiterentwicklung.

Nachdem die Marktstudie für den Deutschen Markt von Herrn Smarbeck erstellt war, wurde sie unter Mitwirkung des Senats, der TVA und der Berliner Industriebank drei mal geändert. In der endgültigen Fassung wurde ein Kapitalbedarf in Höhe von DM 1.300.000,-- veranschlagt, der wie folgt finanziert werden sollte:
1.) Mein Eigenanteil 300.000,--
2.) ERP- Investitionsmittel 150.000,--
3.) Kredit Sparkasse, langfristig, 1 Jahr tilgungsfrei 150.000,--
4.) Kontokorrentkredit 50.000,--
5.) Venture-Gesellschaft 350.000,--
6.) Innovationsfonds 450.000,--

Die Sparkasse als meine Hausbank, ist den Bedingungen des Innovationsfonds uneingeschränkt beigetreten und hat von mir als Sicherheit für ihr Kreditengagement eine "Selbstschuldnerische Bürgschaft" und ein Grundbucheintrag in meine Immobilie in Höhe von DM 150.000,-- erhalten.

Für die Innovationsmittel musste ich folgende Sicherheiten geben: Mein angemeldetes Deutsches Patent, Selbstschuldnerische Bürgschaft, und mein Fernsehgeschäft.

Um meinen Eigenanteil in Höhe von DM 300.000,-- erbringen zu können, haben mir meine Eltern hierfür mein künftiges Erbe vorab ausgezahlt. Mir wurde zugesichert, das für mein Produkt sowohl ERP-Mittel als auch ein Programm zur Verfügung steht, mit dem VC-Gesellschaften mein Produkt weiter finanzieren werden, so dass mein gesamter Finanzbedarf in Höhe von insgesamt DM 1.300.000,-- dadurch gedeckt ist.

Grundsätzlich war für mich zum gelingen des Erfolgs, nicht die Höhe des Finanzkapitals ausschlaggebend, sondern das Vertrauen zu den zugesagten Aussagen der staatlichen Organe. Ich habe die Zuverlässigkeit bzw. Berechenbarkeit und damit auch Erhalt des gesamten veranschlagten Finanzbedarfs vorausgesetzt und mich für diesen Weg entschieden.

Auf Grund des dringenden Bedarfs nach mehr Sicherheit für unsere Kleinkinder an den bis dahin noch ungesicherten Schwimmbecken und den sehr guten Marktprognosen in der Marktstudie für den deutschen Markt, ermöglichte der ausgearbeitete Finanzplan und die darin enthaltenen abgerundeten Finanzmittel, eine schnelle Einführung des Sicherheitsgerätes.

Ein anders lautender Finanzplan hätte dazu geführt, das ich weiterhin nur mit meinem Eigenkapital, meine bereits begonnene Arbeit fortgesetzt hätte. Eine schnelle Marktsicherung war nach meiner Ansicht nicht zwingend erforderlich, da das Gerät patentrechtlich geschützt und somit kurzfristig nicht mit Konkurrenz zu rechnen war.

Das Zahlenmaterial war somit für mich Grundlage für die anschließende Finanzierung der Kolbatz Elektronik GmbH mit meinem innovativen patentrechtlich geschützten Schwimmbadalarmgerät und dem eingetragenen Markennamen "POOLSOLARM". Ich habe entsprechend den Vorgaben in der Marktstudie, Anfang 1988 begonnen die Firma aufzubauen, Personal eingestellt und entsprechend Ausgaben getätigt.

Mit meinem Schreiben an die Industriekredit Bank AG, und ein Parallelschreiben an dem Sachbearbeiter Herrn Schrichter von der Berliner Industriebank AG habe ich als Geschäftsführer der Kolbatz Elektronik GmbH, entsprechend den Weisungen ERP-Mittel beantragt. Schon im Vorfeld erhielt ich eine Absage mit der Begründung, die Gesellschaft könne noch keine ausreichenden Umsätze nachweisen.
Entsprechend den Weisungen habe ich auch alle VC-Gesellschaften angeschrieben. Auch hier erhielt ich von allen Absagen, u.a. wegen internen Investitionskriterien bei den VC-Gesellschaften.

Hierbei wurde unser Produkt als sehr interessant angesehen und uns wurde ausdrücklich bescheinigt, das die Absagen keine Bewertung des Produktes darstellen. Ich hatte den Eindruck, dass hier unsere inselstaatliche Politik bestens funktionierte und gemeinsame Absprachen gab, die auf meine Absage mit der KBG-Bank zurückzuführen war.

Die Kolbatz Elektronik GmbH hat daraufhin bei der Berliner Industriebank und der Senatsverwaltung für Wirtschaft um Aufklärung des Widerspruchs ersucht.

Hierbei wurde mir mitgeteilt, das beabsichtigt war, ein für uns anwendbares Finanzierungsprojekt aufzulegen, jedoch es nicht zum Tragen kam.

Durch die für mich unvorhersehbaren Absagen, sowohl der ERP-Mittel als auch die Finanzierungshilfen der VC-Gesellschaften fehlten der Firma insgesamt DM 500.000,--

Der Gesellschaft standen somit statt der als sicher zugesagten DM 1.300.000,-- nur noch   DM 800.000,-- zur Verfügung.

Hier wurden existentiell wichtige Sachfragen als Grundlage für die Finanzierung meines Projektes vorgegeben die in der Praxis anschließend nicht haltbar waren.

Die Kompetenz der staatlichen Prüfungsorgane in den einzelnen Sachfragen waren für mich nicht anzuzweifeln und ich habe eine entsprechende Sorgfaltspflicht erwarten können. Zu dem sei noch bemerkt, dass die Satzungen des Innovationsförderprogramms, die Bearbeitung der Fördermittel durch andere alternative Stellen nicht zuließen. Ich war somit nicht nur abhängig von der Richtigkeit der Aussagen der Prüfungsorgane, sondern habe die Firma entsprechend aufgebaut und Ausgaben getätigt.

Selbst die Fördermittel wurden erst sechs Monate nach Bewilligung bereitgestellt, so dass durch die verspätete Bereitstellung der Fördermittel, der Aufbau der Firma zusätzlich noch einmal stark behindert wurde und der Kontostand bei der Sparkasse zu dem Zeitpunkt kurzzeitig auf ein Soll von DM 307.345,34 anstieg. Ein Ausgleich durch die Fördermittel wurde nicht gestattet, so dass die Kolbatz Elektronik GmbH unnötig mit Zinsen in Höhe von 12.5% z.zgl. Überziehungszinsen belastet wurde.

Eine Auszahlung der Fördergelder erfolgte ab Juli 1988 monatlich, nur auf Grund fortlaufender aktueller Sammelrechnungen. Auch durch diese Praxis musste die Kolbatz Elektronik GmbH alle Beträge mit teurem Geld zwischenfinanzieren, so dass *aus heutiger Sicht das für die Gesellschaft von der Berliner Industriebank AG zugeschnittene Finanzierungsprogramm als unsinnig und mit vorprogrammierten Folgen angesehen werden muss.*

Die Folgen waren, das der Kredit auf DM 450.000,-- erhöht werden musste und der inzwischen neue Filialleiter der Sparkasse, Herr Schzakrzewski von der durch seinen Vorgänger, Herrn Kroß zugesagte Risikobereitschaft nichts wissen wollte und bestand auf weiteren Sicherheiten. Hierfür wollte er zu den bisherigen Sicherheiten, auch meine Lebensversicherung die für meine Altersversorgung bestimmt war, haben. Außerdem mussten weitere Grundbucheintragungen in meiner Immobilie von nun insgesamt DM 420.000,-- (Verkehrswert meiner Immobilie DM 850.000,--) eingetragen werden.

Von der Kolbatz Elektronic GmbH forderte Herr Schzakrzewski am 21.07.1989 eine sogenannte "Raumsicherung Ware" im Wert von DM 430.000,--. Ich fand diese Forderungen überzogen, da sich der Kontostand in den vergangenen. 6 Monaten bei nur noch maximal DM 120.000,-- Soll einpendelte und mit den bereits gegebenen Sicherheiten in keinem Verhältnis mehr stand. Ich wurde von Herrn Schzakrzewski beruhigt, und er sicherte mir zu, dass ich mit der Ware ungehindert arbeiten kann. Nur im Falle meines Scheiterns, soll die Ware vorrangig als Sicherheit dienen und mich somit persönlich vor dem Zugriff auf meine privat gegebenen Sicherheiten schützen.

Außerdem hat er so die Möglichkeit, durch die Gesamtheit meiner gegebenen Sicherheiten, kurzfristig bei Bedarf meine Kreditlinie zu erhöhen.

Auf Grund dessen, das mir aus dem gesamt veranschlagten Finanzbedarf, der mir von den Gremien des Senats, zugesichert wurde, ein Betrag in Höhe von DM 500.000,-- fehlten, sah ich hiermit die einzige Lösung und habe auch einen entsprechenden Vertrag "Raumsicherung Ware" unterzeichnet, in dem mein uneingeschränkter Handel mit der Ware verankert war.

Das sich die Sparkasse an diese Vereinbarung später nicht halten wird, konnte ich zu dem Zeitpunkt noch nicht erahnen. Welche Auswirkungen dadurch eintreten werden und wie die Sparkasse auch unsere deutschen Gesetze missachtete und sogar die Staatsanwaltschaft bisher untätig zusieht, wird aus chronologischen Ablaufgründen, zu einem späteren Zeitpunkt berichtet.

In der Zwischenzeit trat offensichtlich ein Schneeballeffekt ein und die Medien im Ausland waren sehr aktiv, so dass bei mir täglich sehr vielversprechende Nachfragen eintrafen. Die sehr hohe Akzeptanz an meinem Rettungsgerät und mit dem Bewusstsein für unsere gefährdeten Kleinkinder etwas tun zu können, habe ich die hohen Zinsen von 12,5 % bei der Sparkasse in Kauf genommen und mich wieder voll auf meine Arbeit konzentriert.

Achtes Kapitel
Trittbrettfahrer und erste Großaufträge aus dem Ausland

Wenn ich heute auf die Jahre 1989 und 1990 zurückblicke und berücksichtige, das mein Rettungsgerät ein saisonbedingter Sommerartikel ist, so wurde das Gerät doch in ungewöhnlich kurzer Zeit auf dem Markt angenommen. Dieses sehr gute Ergebnis war aber auf keinem Fall nur mein Verdienst, sondern war im wesentlichem auf die hervorragende Zusammenarbeit und Bereitschaft der Medien zurückzuführen.

Ihr Verdienst ist es, das bei Behörden und insbesondere bei den Eltern mit gefährdeten Kindern das Sicherheitsbewusstsein geweckt und zum Kauf des Gerätes angeregt wurde.

Wo Licht ist, ist aber auch Schatten und es wurden eine Reihe von sogenannten "Trittbrettfahrer" angezogen, die auf unschöne Art ihre Vorteile suchten. Ich denke hierbei zum Beispiel an einem Spanier, der mich besuchte. Er wollte die Exklusivrechte für den Vertrieb meines Gerätes "Poolsolarm" in ganz Spanien haben und bot mir an, das Warenzeichen "POOLSOLARM" bei dem Spanischen Patentamt für mich und auf meinem Namen anzumelden.

Nachdem er mir sein Vertriebskonzept näher vorstellte, merkte ich jedoch sehr schnell, das Seriosität nicht seine Stärke war und mein Image für mein Sicherheitsgerät darunter leiden könnte. Nachdem ich ihn höflich absagte, wurde ich beschimpft und er sagte "ich werde noch an ihm denken und auf dem spanischem Markt mit meinem Gerät kein Fuß fassen". Ich hatte den Eindruck dass er sich in seinem spanischen Stolz gekränkt fühlte und seine spanische Mentalität mit ihm durchging. Er gab mir keine Chance für ein vernünftiges Gespräch.

Alleine schon die unschöne Art bestätigte mir, dass meine Entscheidung richtig war, jedoch wie sich erst ca. ein Jahr später herausstellte, sollte sich seine Drohung bewahrheiten.

Aus Spanien lagen mir insgesamt 26 Nachfragen vom Handel und der Industrie vor, die alle den Vertrieb in ihrem Land mit meinem Poolsolarm-Gerät übernehmen wollten. Wer nun denkt, dann ist ja alles ganz einfach, der irrt gewaltig und versteht vom internationalem Marktgeschehen nichts. Hier nur einige Beispiele die von meiner Firma und von meinem Vertragspartner erfüllt werden mussten um langfristig erfolgreich zusammen arbeiten zu können.
1. Der Vertragspartner hatte für die Einführung des Produkts alle Kosten selbst zu tragen. Hierunter sind insbesondere, Zeitschriftenwerbung,

Rundfunk- und Fernsehwerbung, Messebeteiligung und drucken von eigenem Prospektmaterial zu verstehen.

2. Damit sich der hohe finanzielle und persönliche Einsatz rechnet und kein anderer anschließend die Früchte erntet, wurde von allen die Bedingung gestellt, das sie einen langjährigen Exklusivvertrag mit einer vertraglich garantierten jährlichen Liefermenge erhalten.

3. Sowohl ich als Hersteller und Lieferant, als auch alle Importeure hatten mit einer hohen Vertragsstrafe zu rechnen, wenn nachgewiesen werden kann, dass einer den Gebietsschutz verletzt und sich damit Vorteile verschafft.

Diese vertraglichen Beispiele sind für alle Beteiligten von existentieller Bedeutung und der entgegen gebrachte Vertrauensvorschuss wurde von allen begrüßt.

Von den 26 Bewerbern hat sich besonders die Firma spanischen Firma Quimica Industrial Malaguena, S.A. in Malaga favorisiert. Hierbei handelte es sich um 5 Herstellerfirmen von Schwimmbad- und anderem Zubehör, die in Kooperation unter dem Firmennamen Q.I.M.S.A. tätig waren und mit ihren Produkten den Schwimmbadbereich in Spanien zu 80 % abdecken. Die 200 Verkäufer waren fest angestellt und im Land flächendeckend verteilt.

Nachdem durch wechselseitige Korrespondenz die Umrisse der vertraglichen Inhalte geregelt waren, wurde ich von der Firma zu den abschließenden Vertragsverhandlungen nach Malaga eingeladen. Hierfür nahm ich Frau Petzelli von Rosador mit, die ich als Innovationsassistentin eingestellt hatte und fließend Spanisch, Englisch und Französisch sprach.

Wir wurden von dem Generaldirektor, Herrn Francisco Zambrana del Pozo vom Flughafen abgeholt und zu einem first class Hotel gebracht, in dem er uns zwei Zimmer reserviert hatte. Nach ca. 2 Stunden holte er uns wieder ab und wir fuhren zu seinem Werk.

Seine Firma bestand aus einer Fabrikhalle und einem angrenzenden Bürogebäude das sehr geschmackvoll mit hellem Marmor und viel Messing ausgestattet war. In einer Etage war ein Büroraum mit ca. 60 Computerplätzen und div. angrenzenden Räumen. Hierunter befand sich auch ein Konferenzraum in dem wir schon von den anderen Direktoren erwartet wurden.

Die Atmosphäre war sehr freundlich, jedoch waren die Verhandlungen sehr schwierig um alle Wünsche von den 5 Direktoren und meine Interessen im Einklang zu bringen. Frau Petzelli von Rosador mit ihrem perfektem Spanisch war für uns alle von unschätzbarem Wert.

Sie kannte bisher meine Verhandlungsart nicht und befürchtete zeitweise, dass meine, von den Direktoren als unannehmbar bezeichneten Forderungen die Verhandlungen zum Scheitern bringen würden. Ich bat sie um mehr Vertrauen und sie soll genau das Übersetzen was ich sage. Hierbei merkte sie sehr schnell, dass meine plausible Argumentation und konsequente Haltung in den für mich wichtigsten Punkten auch zum Erfolg führten.

Nach 3 Verhandlungstagen waren wir uns einig und es wurde ein Vertrag mit folgendem wesentlichem Inhalt unterzeichnet

3.2 Ein Export außerhalb des Vertragsgebietes, kann nur mit schriftlicher Genehmigung von Kolbatz erfolgen. Zuwiderhandlung wird durch eine Vertragsstrafe von DM 1.000.000,- sowie einer fristlosen Kündigung geahndet. Bei Verschulden von Q.I.M.S.A. kann Kolbatz Schadensersatz fordern.

8. Mit Unterzeichnung des Vertrages besteht eine Abnahmeverpflichtung ab Anfang April 1990 1.000 Stück, wobei Q.I.M.S.A. die Menge um 20% nach oben oder unten abweichen kann, und ab 1991 1.500 Stück pro Jahr bis 1996, wobei Q.I.M.S.A. diese Menge jährlich erhöhen kann.

8.1 Erfüllt Q.I.M.S.A. die unter Punkt 8. Bezüglich der Menge festgesetzte Konditionen nicht, so ist für jedes nicht abgenommene Stück eine Strafe von 20% des Kaufpreises zu zahlen.

10. Von Kolbatz gelieferte Ware bleibt bis zur vollständigen Bezahlung sein Eigentum. Die Lieferungen erfolgen nach eingegangenem Bankakkreditiv bei der Bank von Kolbatz. Versand, Verpackung und Versicherung gehen zu Lasten von Q.I.M.S.A.

Sichtlich zufrieden mit dem Ergebnis, wurden wir von Herrn Zambrana del Pozo am 4. Tag vom Hotel abgeholt und zu einem Cocktailumtrunk zu sich nach Hause gefahren. Sein Anwesen befand sich, umrandet mit einer hohen weißen Mauer auf einer Bergkuppe mit freiem Blick auf das Meer. Noch bevor ich mich den zu unserem Anlass geladenen ca. 50 Gästen zuwandte, habe ich für einen Moment den traumhaften Anblick auf mich einwirken lassen und sah schemenhaft am Horizont Marokko.

Ich habe erwartet, dass von den Gästen an mich viele Fragen gestellt werden und deshalb vorsorglich ein Gerät zum Vorzeigen mitgenommen. Es handelte sich hierbei allerdings um ein handgefertigtes Muster der künftigen zweiten Generation, das erst nach seiner endgültigen Formgestaltung, voraussichtlich zu Ende 1990 in Serie gefertigt werden sollte.
Von einem Gast kam ein sehr interessanter Vorschlag mit dem das Aussehen des Gerätes noch weiter aufgewertet werden könnte. Ansonsten wurde von allen das Design als gelungen angesehen und erwarteten von mir eine Vorführung in dem Pool.

Ich befürchtete mich zu blamieren, da der Pool sehr groß war und außerdem eine nierenförmliche Form hatte. In einem derartigen Pool hatte ich bisher keine Gelegenheit das Mustergerät zu testen. Alle standen erwartungsvoll um den Pool und mir blieb nicht anderes übrig als den Test zu wagen.
Mit viel Beifall habe ich erfolgreich mehrere Test's an unterschiedlichen Stellen des Pool's durchgeführt.
Anschießend fuhren wir in einem Autokorso, gefolgt von den Direktoren mit ihren Frauen und ihren engen Verwandten durch Malaga zu einem nahegelegenem Strandrestaurant.

/59

Hier wurden wir schon erwartet und es gab viele Spezialitäten aus dem Meer, von denen ich bis dahin noch nie etwas gehört hatte. Ich merkte das ich beobachtet wurde als ich mir von jedem nur ein wenig auf meinem Teller tat. Um Spekulationen vorzubeugen, dass es mir evtl. nicht schmeckt, habe ich ein großes Lob ausgesprochen, das sichtlich erleichtert und dankend angenommen wurde.

Noch während des Rückflugs habe ich mit Frau Petzelli von Rosador beratschlagt, wie wir unseren ersten Großauftrag am besten nachkommen können. Hierfür hatten wir weder Lagerraum noch ausreichend Platz für die Herstellung zur Verfügung.

Durch einen Zufall wurde zu der Zeit in unmittelbarer Nähe eine Fabrikhalle frei. Dort hatte der Vermieter im Keller einen eigenen Swimmingpool in dem ich die Endkontrolle für alle Geräte durchführen konnte. Ich habe nicht lange überlegt und einen Mietvertrag unterzeichnet.

Neuntes Kapitel
Eigenes Werk und Rückschlag durch die Sparkasse

Anfang 1990 konnten wir in die neuen Räume einziehen. Die ca. 350qm große Fabrikhalle   mit den Büroräumen und dem Testschwimmbecken waren ideal und der Mietpreis von DM 5.000,-- sehr human.

Die Ersten notwendigen Einrichtungen konnte ich überwiegend auf dem Gebrauchtmarkt preiswert erstehen. In der Fabrikhalle richtete ich vier Montageplätze ein und einen Messplatz auf dem ich u.a. auch meine anderen Erfindungen weiter entwickeln konnte.

Es entstand ein Team, das sowohl in der Marketingabteilung als auch in der Fabrikation mit unerwartet großer Begeisterung sich mit dem Produkt identifizierte und erwartungsvoll auch für alles Neue offen war.
Zu der Zeit stand noch immer, dass mit sehr hohem Arbeitsaufwand und äußerst technisch/ Filigran wirkend Poolsolarmgerät der ersten Generation zur Verfügung.

Dieses Gerät wurde zwar bisher ohne Beanstandungen gekauft, jedoch war es für ein Serienbetrieb völlig ungeeignet.

Ich habe an einer neuen Generation gearbeitet, die im Ergebnis alle Kriterien enthalten sollte, die ich aus den vielen informativen Gesprächen aus dem In- und Ausland erhalten habe. Einen Vorläufer dieses Gerätes hatte ich als handgefertigtes Mustergerät bereits bei meinem spanischen Vertragspartner mit und wurde als sehr ansprechend und verkaufsfördernd bezeichnet.

Der Vorteil lag hierbei nicht nur in dem ansprechenden Design und der einfachen Handhabung, sondern insbesondere ermöglichte die Modultechnik den Montagekostenaufwand um ca. 70% und den Materialaufwand um 40% zu senken. Hinzu kam, dass mit dieser Technik problemlos mein patentierter Hausalarm integriert werden konnte. Leider standen hier die hohen Vorlaufkosten in Höhe von DM 180.000,-- für ein Spritzgusswerkzeug nicht zur Verfügung, so dass ich hiervon vorläufig Abstand nehmen musste.

Die Investition wäre kein Problem gewesen, wenn mir anfangs aus dem gesamt veranschlagtem Finanzbedarf, der mir von den Gremien des Senats, zugesichert wurde, auch die darin enthaltenen ERP- und VC Mittel in Höhe von DM 500.000,- zur Verfügung gestanden hätten.

In den Folgemonaten stellte sich immer mehr heraus, dass unsere Verkäufe fast ausschließlich nur in das Ausland gingen und in Deutschland durch eine offensichtliche lobbyistische Zurückhaltung des Schwimmbadhandels, unser Sicherheitsgerät blockiert wurde.

Bei einem Gespräch mit einem Verbandsmitglied des Schwimmbad-verbandes erklärte er mir, ich möge dafür Verständnis haben, wenn sie neben ihrem auf der werblichen Aussage mit "Freude, Spiel und Spaß am Pool" nicht auf die möglichen Gefahren durch mein Sicherheitsgerät hinweisen wollen. Nach ein paar Tagen erhielt ich von einem Verbraucherschutzverein eine Abmahnung wegen Verbreitung von Angstmacherei und musste DM 5.000,- bezahlen.

Ich habe hier neben den Pressemeldungen in den folgenden Jahren in Deutschland viel Werbekosten investiert. Durch meine Öffentlichkeitsarbeit wurde das Sicherheitsbewusstsein geweckt und mit dem Urteil vom Oberlandesgericht Köln, Az.: 13 U 18/93 findet meine Aufklärungsarbeit Unterstützung. Hierbei reicht der bisher einfache Jägerzaun nicht mehr aus und der Spieltrieb und die Neugier der Kleinkinder wird erstmals in dem Urteil berücksichtigt.

Der Schwimmbadeigentümer haftet somit grundsätzlich wenn ein Kind unbemerkt über den Zaun steigt und es zum Schadensfall kommt. In der Praxis sah es so aus, dass ein Kind zwar noch unbemerkt über den Zaun steigen konnte, aber auf keinem Fall unbemerkt in den Pool fallen, denn hier gab mein Gerät sofort einen lautstarken Alarm.

Zurück zur Gegenwart 1990/91. - Wir konzentrierten unsere Arbeit verstärkt auf das Ausland, insbesondere die südlichen Länder Europas, aber auch erste Schritte in Richtung Amerika.

Hierfür gründete ich die Kolbatz K.P.EX. innovative electronic GmbH. Deren Aufgabe war es, als reine eigenständige Export-Vertriebsfirma die von der Kolbatz Elektronic GmbH produzierten Geräte abzukaufen. Aber auch gleichzeitig zum Schutz vor möglichen hohen Produkthaftungsansprüchen, die in den USA an der Tagesordnung sind, von der Kolbatz Elektronic GmbH fernzuhalten.

Verhandlungen mit der Deutschen Bank führten dazu, dass die neue Kolbatz K.P.EX. innovative electronic GmbH für den Aufbau des amerikanischen Marktes DM 500.000,00 ab Januar 1991 zur Verfügung gestellt wurden. Hier musste die Kolbatz Elektronic GmbH vorab alle Unterlagen offen legen, die folglich bei der Bank zu dieser positiven Bewertung für die neue GmbH führten. ***Das dieses Engagement der Deutschen Bank, von der Sparkasse als Kriegserklärung behandelt werden wird, konnte ich zu dem Zeitpunkt noch nicht ahnen.***

Als Aussteller auf den Internationalen Schwimmbad-Messen in Genf, Utrecht, Düsseldorf, Atlanta, Dallas, Tampa, Annaheim, usw. konnte ich Erfahrungen sammeln, die für mich auch für den Aufbau des amerikanischen Marktes von besonderem Wert war. Jeder Markt hat seine Eigenheiten und ist geprägt von der Mentalität der Bevölkerung. Wer sich nur auf sein gutes Produkt verlässt und dabei die landesspezifischen Gepflogenheiten außer acht lässt, wird keinen Erfolg haben.

Grundsätzlich steht natürlich überall an erster Stelle, das Vertrauen zum Partner und dem Produkt. Alleine in einem Crashkurs, "Verkaufstaktik" zu erlernen, führt zwar mit einigen Produkten zu einem kurzen Erfolg, der aber meistens mit hohen finanziellem Einsatz oder Zugaben erkauft werden muss.

Aufrichtigkeit gepaart mit Sympathie und mit seinem Innerem überzeugt sein zum Produkt, führt nach meinen Erfahrungen zu einer langfristigen und beständigen kooperativen Zusammenarbeit beider Geschäftspartner, die durch nichts zu übertreffen sind.

Mit dieser Einstellung konnte ich nicht nur langfristige Lieferverträge, mit weltweit tätigen Konzernen abschließen, sondern wurde nach Vertragsabschluß, meistens von der Geschäftsleitung zu einem gemütlichem Essen im engen Familienkreis eingeladen.

Ich habe besonders die Amerikaner als sehr engagiert, mit einer aufrichtigen herzlichen Ausstrahlung kennen gelernt, die unter dem Motto "packen wir es an" für alles Neue offen waren. Probleme wurden mit der Devise gelöst, "kann ich nicht, liegt auf dem Friedhof und geht nicht, liegt daneben". Neid zum Erfolg anderer ist offenbar fremd und wird durch Ehrgeiz des Tüchtigen belohnt. Hat jemand mit einem Produkt Erfolg, so lässt er andere daran teilhaben.

Ein Beispiel:
Die USA zählt mit 9 Mill. Schwimmbecken zu dem größten Absatzmarkt für Schwimmbadartikel. Wer nun denkt, eine Vertretergruppe z.B. mit Sitz in Florida will den lukrativen Markt alleine abschöpfen, der irrt.

Mein Poolalarmgerät führte zu internen Weiterempfehlungen und ich konnte innerhalb von vier Monaten für folgende Gebiete Exklusiv-Vertriebsverträge abschließen:
Quebec, Ontario, New Jersey, Pennsylvania, Delaware, Maryland, Washington D.C., Virginia, North Carolina, South Carolina, Georgia, Florida, Alabama, Tennessee, Mississippi, Louisiana, Arkansas, Oklahoma, Texas, New Mexiko, El Paso, Arizona, Kalifornien, Nevada, Oregon, Washington, Idaho, Montana, Hawaii.

Weitere langfristige Exklusiv-Lieferverträge im Auftragswert von über DM 124 Mill. zuzüglich Nachfolgeaufträge folgten.

Nach meiner Auffassung wirkt sich hier die neidlose Marktpolitik besonders
fördernd auf unsere heutigen kurzlebigen Produkte aus. Ich glaube, das Sprichwort "Konkurrenz belebt das Geschäft" ist in Amerika zu Hause.

In Spartanburg USA, wurde ein Werk von 800qm angemietet und die Firma mit dem patentrechtlich geschütztem Markennamen "POOLSOLARM Inc." gegründet. Hier sollten die von der Kolbatz Elektronik GmbH hergestellten Geräte auf die US-Sendenorm nachgerüstet, gelagert und ausgeliefert werden. Entsprechendes Personal wurde ausgebildet.

Zwischen Oktober 1990 und Anfang 1991 konnte nun auch auf Grund der sehr guten Auftragslage, das Rettungsgerät aus eigenen Mitteln im Design und technischen Aufbau neu gestaltet werden.
Als Erweiterung zum Rettungsgerät habe ich mein patentrechtlich geschützten Hausalarm weiterentwickelt. Mit diesen Komponenten konnte der Betreiber erstmals Pool und Haus komplett absichern und Unfälle im Pool oder Einbrüche im Haus melden lassen.

Die GmbH hätte sich diese hohen Kosten nicht leisten können, wenn ihr nicht durch Verkaufserlöse ausreichende Mittel zur Verfügung gestanden hätten.

Bisher hatten wir bei unseren Abnehmern im Ausland mit ihrer Bezahlung für unsere gelieferten Geräte keine Probleme, aber nach meiner Ansicht war das Risiko doch sehr hoch und ich setzte mich mit einer Factoring-finanzierungsbank in Verbindung.

Sinn und Zweck der Factoringfinanzierung

Voraussetzung für eine Geschäftsverbindung mit der "PROCEDO Gesellschaft für Exportfactoring D. Klindwoth mbH" war ein Jahresumsatz von mindestens DM 10 Mill. An Hand der Marktdaten hatte die Kolbatz Elektronik GmbH die Vorgaben erfüllt und konnte mit dem Factoringinstitut eine vertragliche Bindung eingehen .

Grundprinzip des Factoring ist ein Dreiecksverhältnis zwischen einem Unternehmen, das Waren oder Dienstleistungen gegen Zahlungsziel an seine Kunden im In- und Ausland liefert, und dem Factoringinstitut, das aufgrund einer Vertragsbeziehung zum Lieferunternehmen dessen Forderungen an seine Abnehmer regresslos ankauft.

Das Factoring-Dienstleistungsangebot besteht ebenfalls aus drei wesentlichen Bausteinen: Der Übernahme der Forderungsverwaltung (Debitorenbuchhaltung) und des Ausfallrisikos der Forderungen sowie eine Finanzierungsfunktion.

Das hieß für die Kolbatz Elektronik GmbH: PROCEDO kauft den Lieferauftrag von meiner GmbH ab und überweist sofort nach Vorlage der Auslieferungspapiere, Zug um Zug den Gesamtrechnungsbetrag auf das Firmenkonto der GmbH bei der Sparkasse. PROCEDO holt sich ihr Geld im In- und Ausland auf eigenes Risiko, mit einem Zahlungsziel von bis zu 120 Tagen bei den Abnehmern. Mit dem Finanzierungskonzept konnte die Kolbatz Elektronik GmbH nicht nur risikolos ihr Rettungsgerät "POOLSOLARM" in das Ausland liefern, sondern das von der Badesaison abhängige produkt-spezifische Gerät konnte ganzjährig vermarktet werden.

Hinzu kommt, dass das Produkt auf Grund des erhöhten Sicherheitsbewusstseins und Poolaufkommens in einzelnen Regionen fast ausschließlich als Exportartikel eingestuft werden musste. Zahlungsausfälle wären für die junge GmbH tödlich gewesen, so dass die 100%ige Ausfallübernahme durch PROCEDO unverzichtbar war. Dieses Finanzierungskonzept konnte die Sparkasse nicht bieten und war für die GmbH bestens geeignet um alle ihre Bankverpflichtungen vorzeitig abzulösen
Unter dem Motto "zahlbar in 120 Tagen" hatte die Kolbatz Elektronik GmbH als Aussteller der internationalen Schwimmbadmesse "INTERBAD" in Düsseldorf im November 1990 alle bis dahin vorgelegenen Adressen im In- und Ausland angeschrieben und auf ihren Messestand eingeladen.

Die Resonanz war sehr groß, so dass auch hier mit ausländischen Importeuren eine vielversprechende Vertrauensbasis aufgebaut werden konnte. Bereits noch während der Messetage konnten Lieferverträge mit Importeuren mit einem Auftragswert von ca. DM 450,000,- und Nachfolgeaufträge abgeschlossen werden.

Mit diesen Aufträgen und dem ausgehandelten Finanzierungskonzept mit dem Factoringinstitut wäre die Kolbatz Elektronik GmbH alle Verbindlichkeiten los gewesen und heute weltweit tätig, wenn von dem Mitarbeiter der Sparkasse, Herrn Schwasilewski nicht an PROCEDO die Auskunft gegeben worden wäre: "Alle Geräte der Kolbatz Elektronic GmbH sind an die Sparkasse verpfändet und somit ihr Eigentum und die Kolbatz GmbH darf darüber nicht verfügen".
Mit dieser Auskunft hat PROCEDO den Vertrag sofort gekündigt und die Vertragspartner in Israel, Frankreich, Schweiz, Beneluxländer usw. waren verloren. Mein sofort eingeleiteter persönlicher Protest bei dem Filialleiter Herrn Schzakrzewski führte dazu, dass er sagte es täte ihm leid und die Aussage entstand aus Unkenntnis, jedoch überreichte er mir die Geschäftsbedingungen der "Raumsicherung Ware" mit einem gemakerten Text, aus dem die Sparkasse angeblich durchaus berechtigt sei, die Ware als ihr Eigentum zu betrachten.

Ich habe mich daraufhin an den Vorgesetzten gewandt, jedoch war der verantwortliche Herr Schstube nicht bereit mit einer schriftlichen Stellungnahme auf das Schreiben der Kolbatz Elektronik GmbH vom 22.11. 1990 zu antworten.

Obwohl die Kolbatz Elektronik GmbH mit der Finanzierungsart der Factoring nicht gegen die Geschäftsbedingungen der Sparkasse verstoßen hatte und bereits eine Überversicherung bestand, verlangte der Filialleiter, Herr Schzakrewski am 13.12.1990 für die Freigabe der Ware eine weitere persönliche Sicherheit in Form einer Grundschuldeintragung meiner Immobilie in Höhe von DM 300.000,-- .

Die Aussage Dritten gegenüber, in Verbindung mit dem requirieren der Ware erfolgte ohne vorab ein Liquiditätsgutachten über die wirtschaftliche Zukunft der Firma zu erstellen.

Die Kolbatz Elektronic GmbH hatte wie nachfolgend nach-gewiesen, zum Zeitpunkt der Kündigung des Factoring-Vertrages und der damit im kausalem Zusammenhang stehenden Requirierung der Rettungsgeräte, für den gewöhnlichen Geschäftsablauf ausreichend eigene finanzielle Mittel zur Verfügung. Die Handlung der Sparkasse erfolgte ohne Vorwarnung und somit zur "Unzeit"

Ca. 3 Wochen vor Kündigung des Factoring-Vertrages wurde über das Konto der Sparkasse, per Bankakkreditiv, eine Lieferung nach Spanien im Warenverkaufswert von DM 164.000,00 abgewickelt. Eine zweite Lieferung in der gleichen Höhe wurde bereits für Februar 1991 bestellt. Die Vorfinanzierung erfolgte mit eigenen Mitteln, so dass die unredliche Aussage zu dem damaligen Zeitpunkt nicht haltbar war und für die Kolbatz Elektronik GmbH völlig überraschend kam.

Selbst die Sparkasse hat mit Schreiben vom 05.10.1990 den für die GmbH eingeräumten Kontokorrentkredit in Höhe von DM 450.000,- auf Grund der nachgewiesen sehr guten Marktlage bis zum 31.03.1991 verlängert.

Die geschäftsschädigende Aussage zu PROCEDO und die Requirierung der versandfertigen Ware im November 1990 kam für die GmbH somit völlig unerwartet.

In der "Raumsicherung Ware" vom 21.07.1989 wird ein Handelswert in Höhe von DM 430.000,- als Wertuntergrenze angegeben. Zum Zeitpunkt der vorsätzlichen Falschaussage an PROCEDO hatte meine Gesellschaft einen Warenbestand im Handelswert in Höhe von DM 1.318.768,43 am Lager. Hiervon vielen auf versandfertige Rettungsgeräte DM 450,000,--, so dass als Ersatzsicherheit für die Bank DM 868.768,43 an anderen Werten zur Verfügung stand.

Unabhängig hiervon hatte die Bank zusätzlich an Sicherheiten, so dass eine gesetzwidrige Überversicherung bestand:

1. unbeschränkte selbstschuldnerische Bürgschaft vom 23.02.1988
2. Grundbucheintragungen in Höhe von DM 420.000,--
   (Verkehrswert DM 840.000,--)
3. Lebensversicherung (Stand Februar 1997 DM 116.827,70)

Trotz nachfolgender intensiver Verhandlungen, die sich über 5 Monate hinzogen, war die Sparkasse nicht bereit die zur "UNZEIT" requirierten Rettungsgeräte freizugeben oder als Ersatz andere Waren zu übernehmen.

Erst die für den Handel auf Grund dessen nicht zur Verfügung stehenden Rettungsgeräte im Verkaufswert von DM 430.000,- führte zu finanziellen Engpässen, so dass die Gesellschaft ihre Tätigkeit in der ca. 400qm große Produktionsstätte in der Egelpfulstr. einstellte und in einem ca. 30qm großen Anbau meines Einfamilienhauses umzog. In dieser Notunterkunft konnten keine dem aufgebauten Markt entsprechend hohen Stückzahlen hergestellt werden.
Durch die Requirierung der Ware, in Verbindung mit gesetzwidrigen Aussagen Dritter gegenüber im Sinne von § 824 BGB und § 187 StGB, hat die Sparkasse die Vertragsverpflichtungen ihrer Schuldnerin, <hier der Gesellschaft>, unmöglich gemacht.

Die Handlungen waren grundlos und nachweislich vorsätzlich, um eine weitere Bindung an die Sparkasse und damit ihre langjährigen hohen Gewinnerwartungen zu sichern. Durch meine abgegebenen Sicherheiten konnte die Sparkasse tun und lassen was sie wollte, *sie war immer der Gewinner.*

Die Sparkasse begann hier aus niedrigen Beweggründe und Habgier ihre Macht auszuspielen und der Fortbestand des Rettungsgerätes und damit auch meine GmbH war für die Bank völlig uninteressant.

Zusammenfassend sei mir ein Beispiel erlaubt.
Die Sparkasse hat durch ihre Handlung nicht nur meinem Fahrzeug die Straße weggenommen, sondern um ganz sicher zu gehen dass ich ihr treu bleibe und nicht weiterfahre, durch die Requirierung der Ware auch noch die Räder entwendet.

Nur zur Erinnerung. - Anfangs wurde von den Gremien eine Anschubfinanzierung in Höhe Von DM 1.300.000,-- veranschlagt und zugesichert.

In dem Finanzbedarf waren auch ERP- und VC-Mittel in Höhe von DM 500.000,-- enthalten, die nicht ausgezahlt wurden, so dass incl. meinem Eigenanteil nur DM 800.000,-- zur Verfügung standen. Zieht man nun hiervon die von der Sparkasse requirierte Ware im Wert von DM 430.000,-- ab, so bleibt noch ein Betrag in Höhe von DM 370.000,- übrig. Hiervon müssen nun noch die regelmäßig gezahlten Zinsen an die Sparkasse abgezogen werden, so dass im Endergebnis, noch nicht einmal meine finanziell erbrachte Eigenleistung in Höhe von DM 300.000,-zur Verfügung standen.
Zu der Zeit vertraute ich noch auf die Seriosität und Vertragstreue der Sparkasse und dass sie ihren Fehler revidieren werden. Die Vorstellung, dass die moralische Wertigkeit meines Rettungsgerätes und als ob Kinderleben beliebig ersetzbar währe, tatsächlich der Vertragsuntreue und Gewinnstreben zum Opfer fallen wird, musste ich leider in der Folgezeit erkennen und hinnehmen.

/69

Köln: 2 Kinder beim Spielen ertrunken

Schwimmbecken nicht abgedeckt

Fünfjähriger ertrank im Pool

STEIN — Tragisch endete eine Geburtstagsfeier in Stein bei Nürnberg, zu der ein Ehepaar sein fünfjähriges Enkelkind mitgebracht hatte. Der Bub spielte mit älteren Kindern am Swimmingpool im Garten. Als die Gesellschaft wegen eines Regenschauers ins Haus gegangen war, vermißte der Großvater seinen Enkel. Er fand ihn auf dem Grund des 1,20 Meter tiefen Beckens. Nach Wiederbelebungsversuchen brachte ein Rettungshubschrauber das Kind in die Fürther Kinderklinik. Dort starb es am Morgen.

/70

Hasselhoff: Drama am Swimming-Pool

■ Los Angeles – Drama am privaten Swimmingpool von Baywatch-Star David Hasselhoff (42). Um ein Haar wäre die zweijährige Tochter des Schauspielers ertrunken. Die kleine Hayley lernt gerade erst schwimmen. Beim Spielen am Pool fiel sie ins Wasser. Geistesgegenwärtig warf die vierjährige Tochter Taylor einen Rettungsring hinterher und bewahrte so ihre

Baywatch-Star David Hasselhoff hatte Glück.

Schwester vor dem Ertrinken. „Das passierte alles sehr schnell, als die Töchter mit dem Kindermädchen alleine waren. David wollte im Haus neue Badetücher holen", so Hasselhoff-Sprecherin Anita Ashton-Hooper.

LESEN SIE MORGEN

■ *Kunstszene: Ein Bummel durch Berlins Galerien*
■ *EM-Qualifikation: Mit einer Notmannschaft gegen Georgien*

Hoffnung einer Mutter: Neues Baby soll Jessica aus Todesschlaf wecken

Von KARIN HACKENBROICH

Ihre vierjährige Jessica Tochter liegt im Koma. Deshalb hat eine Mutter jetzt noch ein zweites Kind bekommen: Sie hofft, daß das fröhliche Babylachen die kleine Jessica aus dem Todesschlaf erweckt.

Vorsichtig nimmt Ulrike Heymann (29) ihr fünf Wochen altes Baby Jasmin auf den Arm und tritt an das Bett ihrer ältesten Tochter Jessica: „Schau, Jessica, hier ist dein Schwesterchen," flüstert sie.

Aber Jessica (4) versteht die Mutter nicht, mit geschlossenen Augen liegt sie da. Jessica liegt seit 13 Monaten im Koma. Ihre Mutter pflegt sie zu Hause.

Trotz dieser Belastung hatte Ulrike Heymann den Mut zu einem zweiten Kind. Ja, gerade wegen Jessica hat sie Jasmin zur Welt gebracht.

Sie erzählt: „Unsere Jessica hatte sich doch so sehr ein Schwesterchen gewünscht." Ihre große Hoffnung: Jessica möge eines Tages das fröhliche Lachen des Babys wahrnehmen und aus ihrem Todesschlaf erwachen. Daß sie die Augen aufschlägt und mit dem ersehnten Schwesterchen spielt.

Ulrike Heymann erinnert sich mit Tränen in den Augen an den Tag, der ihr Leben so schrecklich veränderte.

„Ich gehe mit Cora nach draußen", hatte Jessica gerufen. „Cora" ist der Schäferhund der Heymanns. „Bleib nicht zu lange, wir wollen doch in den Zoo!" rief Ulrike Heymann hinter ihr her. Sie räumte noch den Tisch ab und ging dann in den Garten, um Jessica zu holen. Doch im Garten war nur „Cora". Voll banger Ahnungen rannte Ulrike Heymann zum Swimmingpool. Jessica trieb leblos auf dem Wasser.

Die Mutter riß das Kind aus dem Pool, legte es auf den Boden, drückte auf den kleinen Brustkorb, um das Wasser aus den Lungen zu pressen, machte Beatmungsversuche. Zunächst offenbar mit Erfolg. Kurz schlug Jessica die Augen auf, dann schlossen sich die Lider.

Auch die Ärzte in der Kinderklinik konnten nicht helfen. Im April vor einem Jahr holte die Mutter Jessica nach Hause.

Tag für Tag hofft sie, daß Jasmin die große Schwester zu neuem Leben erweckt. „Jessica, Jessica – sieh doch mal, deine Schwester... Jessica."

Jessicas Augen bleiben geschlossen.

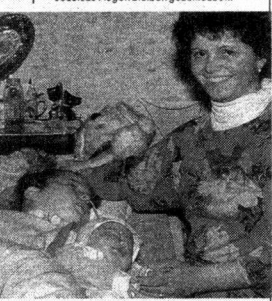

Manchmal legt Ulrike Heymann Jasmin zu Jessica ins Bett. Vielleicht spürt sie ja im Koma die Wärme des Babys (oben). Foto unten: Schäferhund „Cora" vor dem Swimmingpool.

Ängstlich zeigt Florian zum Teich, aus dem ihn Melanie gerettet hat. Sein Dank war ein dicker Kuß

Mit drei Jahren schon eine kleine Heldin
Melanie zog Florian aus dem Goldfischteich

Dem Instinkt und unglaublichen Reaktionsvermögen einer Dreijährigen verdankt der gleichaltrige Florian sein Leben. Wie so oft hatten die Kinder in der Einfahrt zu Melanies Elternhaus in Siegen gespielt. Stets beobachtet von Mutter Doris Vogel, die die beiden auch vom Haus aus gut sah. Aber als sie eines Tages ihren Beobachtungsposten nur für wenige Minuten verließ, lief Florian zum Goldfischteich im Garten, rutschte aus und versank fast lautlos im zwei Meter tiefen Wasser.

Sekundenlang stand Melanie vor Schreck wie erstarrt. Dann lief sie nicht etwa in Panik davon, sondern holte einen Fischkescher und zog Florian behutsam an Land.

Ihre Heldentat kann die jüngste Lebensretterin Deutschlands noch gar nicht verstehen. Sie hatte doch nur ihre Mutter nachgeahmt: Die nämlich zieht mit dem Kescher Melanies Spielzeug an Land.

98 7 TAGE

„Poolsolarm"
ALARMSYSTEM FÜRS BECKEN

Die Firma Kolbatz hat ein Alarmsystem entwikkelt, das bei unerlaubter Poolbenutzung sowohl am Schwimmbeckenrand als auch per Funk im Haus Alarm gibt. In einem Gutachten der Technischen Fachhochschule Berlin von Prof. Dr. Sternberg und Prof. Dr. Fritz wurde das „Poolsolarm"-System unter den sicherheitstechnischen Aspekten als „äußerst zuverlässig und sehr empfehlenswert" eingestuft.

„Poolsolarm" ist sehr einfach zu handhaben und wartungsfrei. Das Gerät ist in Schwimmbecken ambulant einsetzbar, kann aber auch fest installiert werden. Eine andere Möglichkeit bietet der wandbündige Einbau. Durch die Anbindung von „Poolsolarm" an das „Multi-Hausalarm-System" mittels der Hausalarmanlage „Haz 1" kann das Signal vom Pool per Funk zu anderen Orten übertragen werden und dort ebenfalls Alarm auslösen. Kolbatz elektronic, Egelpfuhlstr. 40, 1000 Berlin.

/72

Lebensgefährliche Gartenteiche

Tod einer Dreijährigen: Experten vermuten Sturz von Zaun

BERLIN (brun). Im Fall der dreijährigen Anica G., die am Sonntag im Gartenteich ihrer Großeltern auf einem Grundstück an der Hennigsdorfer Straße in Reinickendorf ertrunken ist, gibt es erste Anhaltspunkte für die Ursache des Unglücks. „Das Mädchen könnte vom Zaun in den Teich gestürzt sein", sagte am Montag Reinhard Feldt, Sprecher der Polizeidirektion 1, die unter anderem für Reinickendorf zuständig ist. Nach Feldts Worten wurde bei dem Kind auch eine Schürfwunde im Gesicht entdeckt. Möglich sei, daß es benommen ins Wasser fiel und nicht mehr um Hilfe rufen konnte. Die Polizei wies unterdessen auf einen besonders tragischen Umstand hin: Am Sonntag war das Opfer in der Obhut seiner Großeltern, weil seine Mutter zur gleichen Zeit ein Kind zur Welt brachte.

Experten der Kriminalpolizei nahmen den Unglücksort am Montag genau unter die Lupe. Dabei stellten sie fest, daß der Gartenteich 3,80 Meter lang und 1,85 Meter breit sowie 90 Zentimeter tief ist. Der Rand ist nach Polizeiangaben mit Steinplatten befestigt, umgeben ist der Teich von einem 65 Zentimeter hohen Holzzaun. Nach derzeitigem Ermittlungsstand hielt sich das Opfer mit seinen Großeltern vor dem Unfall im Garten auf. Alle fünf Minuten hätten sich die Großeltern durch Zuruf vergewissert, daß mit Anica alles in Ordnung sei. Nachdem die Antwort ausblieb, suchten sie das Kind und fanden es leblos im Wasser. Im Rückblick spielte sich danach folgendes ab: Um 13.38 Uhr ging bei der Aufnahme der Feuerwehrleitstelle der Notruf ein, worauf sich binnen weniger Minuten ein Notarztwagen, ein Rettungswagen, ein Löschfahrzeug und zwei Funkstreifen zum Unglücksort in Bewegung setzten. Alle Rettungsversuche erwiesen sich als vergeblich. Um 14.51 Uhr wurde das Opfer zur Feststellung der genauen Todesursache in ein Krankenhaus gebracht. Die Schuldfrage stellt sich aus Sicht der Kripo nicht. Es werde hierzu keine weiteren Ermittlungen geben.

Unfälle an Gartenteichen sind in Berlin häufig. Im April 1998 konnte ein anderthalbjähriges Mädchen wiederbelebt werden, nachdem es kopfüber in einen Teich an der Wünsdorfer Straße in Lichtenrade gerutscht war. Ebenfalls im April fielen in Tempelhof zwei zweijährige Zwillinge in einen Teich auf dem Hof eines Wohnhauses.

Nach Ansicht von Experten lassen sich Teiche sichern, indem wenige Zentimeter unter der Wasseroberfläche Metallgitter verlegt werden. Eine andere Möglichkeit ist, einen Bewegungsmelder zu installieren. Björn-Michael Hahn von der Aktionsgemeinschaft „Das Sichere Haus" mit Sitz in München glaubt, daß sich viele Eltern noch immer darüber täuschen, welch große Gefahr von Gartenteichen für Kinder ausgeht. Hahn rät Grundstückseigentümern, Teiche durch Zäune oder dichte Büsche zu sichern. Informationen gebe es in jedem Garten-Center. Fest stehe, daß Eigentümer für Unfälle auf ihrem Grundstück haften.

Offizielle Auszeichnungen und Anerkennungen von POOLSOLARM:

Durch

Elmar Pieroth
Senator
für Wirtschaft und Arbeit

Prof. Dr.-Ing. Helmut Worm
Vizepräsident
der Technischen Fachhochschule
Berlin

Hans-Dieter Blaese
Präsident der Handwerkskammer
Berlin

Dr. Ernst Gloede
Präsident des
Wirtschaftsclubs
Rhein-Main e.V.

Dr. Heinz Riesenhuber
Bundesminister für Forschung
und Technologie, Schirmherr
des Innovationspreises

Prof. Dr.-Ing. Prof. h.c. G. Spur
Institut für Werkzeugmaschinen
und Fertigungstechnik
Technische Universität Berlin

Hubertus Moser
Vorsitzender
des Vorstandes der Sparkasse
der Stadt Berlin West

Wolfram Baentsch
Chefredakteur
'Wirtschaftswoche'

Klaus Peter Müller
Obermeister der Elektro-Innung
Berlin

/74

Noch einmal im Überblick und Vorausschau
(aus juristischer Sicht)

Die Sparkasse hat außer meine persönlich gegebenen Sicherheiten, zusätzlich eine "Raumsicherung Ware" mit einem HANDELSWERT in Höhe von DM 430.000,-- erhalten. Der Vertrag besagt, dass meine GmbH mit der Ware handeln darf, solange die Erlöse über das Firmenkonto bei der Sparkasse abgewickelt werden oder die Sparkasse zustimmt. Er besagt weiter, dass auf Anforderung der Sparkasse, der gesamte Lagerbestand an HANDELSWARE, der Bank mitgeteilt werden muss.

Die "Raumsicherung Ware" war in dem Vertrag nicht spezifiziert auf eine bestimmte Ware oder Warengruppe, sondern besichert war eine ganz allgemeine HANDELS-WARE im Wert von DM 430.000,-- . Hier war die gesamte Produktpalette mit einbezogen, also z.B auch unsere Hausalarmanlage mit umfangreichem Zubehör.

Die GmbH hatte auf Anforderung der Sparkasse den Bestand am 26.02.90 DM 599.564,20 und am 31.05.90 DM 781.231,00 und am 24.09.90 DM 1.318.768,43 schriftlich mitgeteilt.

PROCEDO war die "Raumsicherung Ware" bekannt und fragte deshalb vorsorglich bei der Sparkasse nach ob, die ersten Warenlieferungen (Rettungsgeräte) für: KIMSA DM 80.000,-- EUROMOVE DM 26.450,-- TRANSCONTINENTAL   DM 54.395,-- (zusammen DM 160.845,--) freigegeben werden. Die Antwort war "nein alle Geräte sind verpfändet und die Kolbatz GmbH darf darüber nicht verfügen".

Bei der Sparkasse war aktenkundig, dass die GmbH zu dem Zeitpunkt über DM 1.318.768,43 HANDELSWARE hatte, so dass die Aussage, dass gerade diese Ware, die PROCEDO ankaufen wollte verpfändet sei, nur als vorsätzlich geschäftsschädigende Aussage bewertet werden kann.

(Fazit: Der Senat hatte über die Berliner Industriebank das Rettungsgerät mit DM 500.000,-- bezuschusst und die Sparkasse hat die ersten fertiggestellten Geräte im Wert von DM 430.000,-- einbehalten.)

Die GmbH hatte zu jeder Zeit, also auch wenn Geräte abverkauft wurden, einen Bestand an HANDELSWARE der weit über dem festgelegten HANDELSWERT in der "Raumsicherung Ware" lag.

PROCEDO war auch keine Konkurrenz zur Sparkasse, sondern war vergleichbar mit "einem sofort zahlenden Kunden" anzusehen. Mit dem Abkaufen der Lieferaufträge war die GmbH zu 100% frei von Zahlungsausfällen und somit war PROCEDO eine wertvolle Ergänzung.

PROCEDO kaufte jeden Lieferauftrag von meiner GmbH einzeln ab und überweist sofort nach Vorlage der Auslieferungspapiere, Zug um Zug den Gesamtrechnungsbetrag auf das Firmenkonto der GmbH bei der Sparkasse. Außerdem hatte die GmbH nur ein Konto, das bei der Sparkasse, so dass jeder Verkauf, grundsätzlich "im Interesse der Sparkasse" stattgefunden hätte.

Die GmbH musste ihr Werk schließen, ich konnte mich aber mit kleine Lieferungen, die in meinem Eigenheim hergestellt wurden, über Wasser halten und gleichzeitig damit erreichen, dass mir meine Großabnehmer vorübergehend noch treu blieben.

Die Sparkasse beruft sich nun auf meine abgegebene selbstschuldnerische Bürgschaft, sowie den Eintragungen im Grundbuch meiner Immobilie in Höhe von DM 420.000,-- (Verkehrswert DM 850.000,--) und beantragt die Zwangsversteigerung meines Eigenheims.

Ich habe daraufhin Strafanzeige wegen "kreditgefährdende Aussage" "Wucher" und "Untreue" gestellt, jedoch ohne Erfolg. Selbst meine für einen Zivilprozess gegen die Sparkasse gestellter Antrag auf Prozesskostenhilfe wurde wegen "mangelnder Erfolgsaussichten" abgelehnt.

Die Folgen waren, dass auf Antrag der Sparkasse, das Amtsgericht-Wedding mein Eigenheim ab 10. Januar 1996 unter Zwangsverwaltung gestellt wurde und ich somit keinen Zugang mehr hatte. Damit musste ich Zwangsläufig auch meinen Traum begraben, mit meinem Gerät Kinderleben retten zu können.

Am 17. März 1997 rief mich unsere Nachbarin an, dass sich auf dem Grundstück nachts fremde Leute herumtreiben und ich soll doch einmal nachsehen. Erst wollte ich nicht und habe den Zwangsverwalter benachrichtigt. Er war nicht erreichbar und seine Sekretärin fühlte sich nicht kompetent, so dass ich selbst hinfahren musste um nach dem Rechten zu sehen.

Es bot sich für mich ein Bild des Grauens. Das Haus und der Garten waren total heruntergekommen.

Die hintere Eingangstür stand offen und die eingelagerte "Raumsicherung Ware" war bis auf einzelne Geräte weg. Ich rief daraufhin die 110 an und die Polizeibeamten haben den Diebstahl aufgenommen.

Nachdem ich die Anzeige wegen Diebstahls gestellt habe, erhalte ich von der Sparkasse ein Schreiben, in dem sie meine Anzeige bestätigt und die Ware erstmals frei gibt.

Im Ergebnis, konnte oder sollte nicht geklärt werden wo die Ware geblieben ist, denn die Kripo hat die Fahndung nach kurzer Zeit eingestellt. Für mich besteht auch heute noch kein Zweifel daran, dass die Bank das Haus selbst freiräumen ließ.
Hierfür sprach auch die Tatsache, dass am selben Tag, also am 17. März 1997 das Haus versteigert wurde und so dem neuen Eigentümer eine freigeräumte Immobilie übergeben werden konnte.

Die Sparkasse hat die Immobilie für DM 360.000,-- an den neuen Eigentümer weggegeben, obwohl vom Amtsgericht ein Verkehrswert von DM 850.000,-- festgesetzt wurde.

Ich hatte rechtzeitig und weit bevor die Sparkasse an meine privat gegebenen Sicherheiten heran gegangen ist, auf Grund ihrer gesetzwidrigen Handlungen meine Bürgschaft widerrufen. Hierfür habe ich auch versucht unseren "Rechtsstaat" in Anspruch zu nehmen, jedoch ohne Erfolg.

Hätte ich bei Unterzeichnung meiner persönlichen Bürgschaft für die GmbH gewusst, dass die Sparkasse den wirtschaftlichen Erfolg der GmbH unmöglich machen wird, so wäre ich auf keinem Fall einen derartigen Vertrag eingegangen. Im bürgerlichem Gesetzbuch steht unter § 306 BGB "Ein auf eine unmögliche Leistung gerichteter Vertrag ist nichtig".

Ich habe hier bei den zuständigen Organen um Hilfe ersucht aber offensichtlich werden bei Staatsbanken andere Maßstäbe gesetzt, so dass ich Rechtlos bin.

Im bürgerlichen Gesetzbuch unter § 770 BGB und § 771 BGB und §772 BGB, steht auch, dass die Gläubiger sich erst an ihre Hauptschuldnerin < hier der GmbH und ihre "Raumsicherung Ware"> wenden muss um ihre Forderungen zu erhalten. Das hat die Sparkasse nie versucht, sondern ist sofort an mich persönlich herangetreten **und als ich sie massiv darauf aufmerksam machte, war die Ware merkwürdigerweise auf einmal weg.**

Auch aus der im § 242 BGB abzuleitende Leistungstreuepflicht und Mitwirkungspflicht, der zufolge die Sparkasse hätte alles tun müssen, um den Leistungserfolg - hier erfolgreicher Aufbau meiner GmbH und letztlich dann auch Rückführung sämtlicher in Anspruch genommener Kredite - vorzubereiten, herbeizuführen und zu sichern (vgl. hierzu Palandt/Heinrichs, § 242 BGB Rdnr. 27 ff.m.w.N), hat die Sparkasse grob fahrlässig entgegen gewirkt.

/78

Das schon sehr früh gegen mich integriert wurde belegt auch ein internes Dokument von der Sparkasse, dass mir von jemandem zugespielt wurde. Hier heißt es u.a.:

- *"Zusammenfassendes Urteil*
Aufgrund der abzuwartenden Entwicklung das Absatzes am US-amerikanische Markt sollten die Kreditlilien letztmalig bis zum 31.05.1992 intern prolongiert werden. Bis zu diesem Zeitpunkt sollte Herr Kolbatz ein Konzept zur Konsolidierung und Rückführung das Kreditengagements vorlegen........ und weiter
Positiv bleibt festzustellen, daß der Kunde weiterhin seine Verpflichtungen zur Tilgung der Realkredite und des langfristigen Darlehens ordnungsgemäß nachkommt und sich somit die Sicherstellung des Engagements verbessert.
Unterschrift und Stempel: Filialdirektion 6
Und weiter unten handschriftlich
Beschluß vom: 31. 3. 92
Letztmalige int. Prolongation der Kreditlinien bis zum 31.05.1992... "

Zur Erinnerung. Die Sparkasse ist den Satzungen des Innovationsförderprogramms des Senats beigetreten und verlangte bereits in der Aufbauphase unangemessene hohe Sicherheiten. Der Krieg begann zeitgleich, als meine andere unabhängige GmbH für den Aufbau des amerikanischen Marktes von der Deutschen Bank DM 500.000,-- bekam:

Hier hat die Sparkasse im November 1990 alle Lieferungen untersagt und ich bin trotz dieser schwierigen Situation meinen Zahlungsverpflichtungen weiterhin ordnungsgemäß nachgekommen. Weshalb also diese unangemessene Härte ?!. Es war eindeutig, das die Sparkasse bereits in Wartestellung war, jedoch habe ich durch meine ordnungsgemäßen Tilgungen, der Sparkasse keine gesetzliche Handhabe für eine vorzeitige Kündigung gegeben. Um ihr Ziel zu erreichen, musste sich die Sparkasse etwas neues einfallen lassen und versuchte mich nun mit einer unangemessenen und vorzeitigen Rückführung aller Kredite unter Druck zu setzen. (Es war die Zeit des Aufbruchs, als Banken sich gen Osten engagierten und hier große unbelastete Immobilien vorfanden.)

Normalerweise hätte ich bereits hier aufgeben müssen. Jedoch hätte es bedeutet, dass die Gefahren für unser Wertvollstes was wir haben, unsere Kleinkinder, weiter bestand. Es werden auch in Zukunft weit über 4.000 Kleinkinder in Pools und Gartenteiche ertrinken.

Um ein Vielfaches höher werden Kinder gerettet, jedoch werden sie durch Sauerstoffmangel ihr Leben lang behindert sein. Ich konnte hier nicht aufgeben, denn es war erwiesen, dass nur ein Alarmgerät die hohe Unfallrate vermindern konnte.

Zehntes Kapitel
Investoren und Rückschlag durch die Berliner Industriebank

Zurück in das Jahr 1990/91. Die Sparkasse hatte alle Rettungsgeräte requiriert und meine GmbH musste ihr Werk schließen. Es lagen internationale Lieferaufträge in Höhe von über DM 124. Mil. vor. Um die aufgebauten Märkte nicht völlig zu verlieren, habe ich für die Kolbatz Elektronik GmbH am 01.01.1991 in der Garage meines o.g. Einfamilienhauses eine notdürftige Entwicklung/ Produktionsstätte eingerichtet und zusätzlich Lager für die durch das Verkaufsverbot der Sparkasse enthaltene Warenlager bereitgestellt. Hier war es jedoch nicht möglich die vorhandenen Lieferaufträge in der Größenordnung zu produzieren, so dass ich mich um anderen Alternativen bemühte.

Ich habe nach Investoren gesucht, die bereit waren für eine neue Produktionsstätte und einem neuen Warenbestand finanzielle Mittel bereitzustellen.
Unterstützt durch die Medien im In-und Ausland und u.a. auch einem ganzseitigen Artikel in dem Wirtschaftsmagazin "Impulse" hat die Kolbatz Elektronik GmbH versucht, die fehlenden Finanzmittel durch stille Beteiligungen zu erhalten. Hierfür haben sich ca. 40 Interessenten aus den In- und Ausland gemeldet die von 10.000,-- bis zu DM 500.000,-- anlegen wollten.

Die Anleger wollten jedoch nicht in die finanziell vorbelastete Gesellschaft der Kolbatz Elektronik GmbH anlegen. Dieses habe ich der Berliner Industriebank schriftlich und mündlich mitgeteilt und auch, dass die Anleger nur in die unbelastete Gesellschaft der Kolbatz K.P.EX innovative Elektronik GmbH investieren wollen. Die Kolbatz K.P.EX innovative Elektronik GmbH wäre somit für ihre bestellte Ware in Vorkasse getreten und die Kolbatz Elektronk GmbH hätte mit dem Geld ohne Probleme herstellen können.

Die Berliner Industriebank hat daraufhin wissentlich des hohen Risikos für beide Gesellschaften, unter Androhung der sofortigen Kündigung ihres Kreditengagements , auf dem Beitritt der eigenständigen Kolbatz K.P.EX innovativen electronic GmbH zur vorbelasteten Kolbatz Elektronik GmbH bestanden.

Durch den Beitritt war die Bank automatisch als stiller Gesellschafter mit 50% am Gewinn an dem erfolgreich aufgebauten US-Markt beteiligt und hat sich somit Vermögensvorteile verschafft an die sie sonst nicht heran gekommen wäre.

Gemäß den Vertragsbedingungen unterrichtete ich als Geschäftsführer der Kolbatz Elektronik GmbH pflichtgemäß die Berliner Industriebank über den Fortgang des Produktes.

Hierdurch war ihr bekannt, dass mit dem aufgebauten amerikanischen Vertriebsnetzes durch die Kolbatz K.P.EX innovativen Elektronik GmbH mit ihrer amerikanischen Tochtergesellschaft, die Poolsolarm, Inc., zahlreiche Vertragsabschlüsse und darüber hinaus, sogar über die Tatsache nachgedacht wurde, die Installation eines solchen Schwimmbadalarmgerätes in den dortigen 9 Mill. Gemeldeten Swimmingpools von den dortigen Gremien zur gesetzlichen Pflicht zu machen.
Auch bei diese Meldung leuchtete in den Augen der Banker das Dollarzeichen und erklärt ihre eigennützliche Handlungen die weit über dem gesetzlich vertretbarem hinaus ging.

Wäre ich zu dem Zeitpunkt der Beitrittsforderung nicht nachgekommen und hätte statt dessen die angedrohte Kündigung angenommen, wäre die Berliner Industriebank sofort mit allen Vermarktungsrechten in den Besitz meines sicherungshinterlegten Patentes für das Schwimmbadalarmgerät gekommen. In dem Fall hätte ich alle Tätigkeiten sofort einstellen müssen und der Berliner Industriebank ersatzlos alle Unterlagen mit Lieferverträgen übergeben müssen, anderenfalls hätte ich mich des Patentvergehens strafbar gemacht.

Ich hatte somit keine andere Möglichkeit als der Forderung nachzugeben, so dass die Investoren verloren waren und damit auch die letzte Chance für eine eigene Produktionsstätte.

Auf Grund der zahlreichen Liefer-Vertragsabschlüsse, musste ich bei einem sofortigen Lieferstop mit hohen Vertragsstrafen, insbesondere von den amerikanischen Vertragspartnern rechnen. Wie sich bis heute bestätigt, konnte ich wenigstens durch die Annahme der Forderung von der Berliner Industriebank den Schaden in soweit begrenzen, dass durch kleine Lieferungen keine Schadensersatzansprüche von den Vertragspartner gestellt wurden und laufende Kosten gedeckt werden konnten.

Der Berliner Industriebank war frühzeitig bekannt, dass die eigenständige Kolbatz K.P.EX innovative Elektronik GmbH mit einem hohen finanziellen Einsatz von über DM 500.000,- die Export-Märkte aufbauen will und hat durch ihr Schweigen das Vorhaben gebilligt und keine Bedenken angemeldet.
Erst nachdem die Märkte erfolgreich und gewinnbringend aufgebaut waren, wurde die Gesellschaft für die Bank interessant. Sie musste somit zu den Vertragsbedingungen vom 27. Juni 1988 und 21. März 1990 und sowie der Schuldanerkenntnisse vom 05.Juli 1988 und 04.Mai 1990 zwischen der Berliner Industriebank und der Kolbatz Elektronik GmbH und meiner Person als Bürge, beitreten. Die Bank hat damit durch den Verlust der Investoren den Eintritt des Erfolgs in gröbster Weise verhindert.

/82

Durch das eigennützige und ruinöse Gewinnstreben der Berliner Industriebank haben sich die Investoren zurückgezogen und beide Vertriebsgesellschaften konnten somit nur schadenbegrenzend in Vorkasse treten um die Schwimmbadalarmgeräte von der Herstellerfirma der Kolbatz Elektronik GmbH abzukaufen, so dass die umfangreichen Lieferaufträge in der Höhe zwar nicht erfüllt werden konnten, jedoch dadurch, vorerst wenigstens Schadenersatz nicht gestellt wurde.

Ohne das vielfache Fehlverhalten der Deutsche Ausgleichsbank bzw. Ihrer Rechtsvorgängerin der Berliner Industriebank AG, würden nicht nur beide Firmen, die Kolbatz Elektronic GmbH und die K.P.EX innovative Elektronic GmbH, mit ihrer Tochtergesellschaft der POOLSOLARM Inc. heute noch existieren und gute Gewinne erzielen, sondern ich wäre selbst schuldenfrei. Statt dessen sehe ich mich heute noch erheblichen Rückzahlungsforderungen ausgesetzt.

Bei dem Vorgehen der Berliner Industriebank habe ich den Eindruck, dass hier gezielt vorgegangen wurde, um mit meinem patentierten, in Amerika mit dem Prädikat "instant marketability" bewertetes Produkt, ein anderes Unternehmen zu sanieren.

Diese Praktiken sind bei Banken leider üblich, um damit die Verlustquote bei Risikokapital aufzufangen. Eine ähnliche Erfahrung hatte ich bereits zu Beginn mit der KBG- Bank gemacht. Hier bangte die Kapitalgesellschaft um ihre Einlage, da ihr Kunde mit seinem Produkt bereits seit längerem rote Zahlen schrieb und mein Produkt hier hätte abhelfen können.

Auf Grund fehlender Geräte aus Deutschland musste in dem Werk in Spartanburg USA, die Arbeit eingestellt werden und das einarbeitete Personal entlassen werden.

Zu der Zeit hatte die POOLSOLARM Inc. ein Vertriebsnetz in 29 Bundesstaaten aufgebaut. Ohne die kalten Regionen in den USA zu berücksichtigen, kann man sagen, dass der amerikanische Markt flächendeckend aufgebaut wurde.

Zu den Vertragspartnern gehörten, Vertretergruppen in den jeweiligen Bundesstaaten, Großhändler und Versandhäuser. Hierbei war z. B. ein Versandhaus, dass zwei Mal im Jahr, 2,5Mill Schwimmbadkataloge verschickte in dem unser POOLSOLARM-Gerät mit aufgenommen werden sollte. Zu unserem Kundenklientel konnten wir auch viele namhafte Persönlichkeiten zählen, so z.B. Mr. Jim Ed Norman, President der amerikanischen Filmgesellschaft "Warner Bros. Records" in Nashville.

Leider lässt sich der amerikanische Markt aus Deutschland nicht fern bedienen und für die Amerikaner ist es zwingend erforderlich, dass sie wenigstens in Amerika einen Ansprechpartner haben.

Hierfür bot sich Frau Gejetz an, die bei der Muttergesellschaft, der Kolbatz K.P.EX innovativen electronic GmbH, bis zu ihrer Kündigung beschäftigt war. Sie war anhanglos und wollte gerne die Aufgabe in Amerika übernehmen.

Wir vereinbarten, dass die GmbH alle laufenden Betriebskosten für ein Büro in Spartanburg und ein Auto übernehmen und für ihre Sozialabgaben in Deutschland sorgt. Wir einigten uns auch darüber, dass sie sich ihr Gehalt aus dem Erlös der verkauften Geräte selbst erwirtschaften muss.

In der Folgezeit schien alles gut zu laufen und ich schickte ihr 400 Geräte. Eine höhere Anzahl konnte ich in meiner Garage nicht herstellen und habe mich nach Lizenznehmern umgesehen, die in der Lage gewesen wären, eine ausreichende Stückzahl herzustellen.

In dem nachfolgenden Bild sehen Sie wie die Geräte im Schwimmbecken getestet wurden bevor sie versandfertig verpackt, ihre Reise in alle Kontinente antraten.

Elftes Kapitel
Lizenznehmer und Deutsche Bank

Zur Erinnerung,- die Deutsche Bank hatte 1990/91 der Kolbatz K.P.EX innovativen electronic GmbH für den Aufbau des amerikanischen Marktes DM 500.000,-- zur Verfügung gestellt und somit die GmbH zu 100% finanziert. Auf Druck der Berliner Industriebank musste diese eigenständige Gesellschaft als Bürge zur finanziell vorbelasteten Kolbatz Elektronik GmbH beitreten.

Die Folgen waren, dass sich alle Investoren zurückgezogen haben und somit eine eigene Produktion nicht mehr möglich war um die Vertragspartner zu beliefern. Andererseits aber bei der Kolbatz Elektronik GmbH, seit November 1990 versandfertige Geräte im Wert von DM 430.000,-- am Lager standen, die die Sparkasse nicht zum Verkauf frei gab.

Es lagen verbindliche Lieferaufträge im Auftragswert von über 124 Mill. mit einer Laufzeit, zum Teil von bis zu zehn Jahren vor. Weit über 5.000 Anfragen lagen zusätzlich vor, die nicht bedient werden konnten.

Alleine aus den vertraglich verbindlichen Lieferverträgen wären sichere Nettogewinne in Höhe von DM 23.570.961,60 erwirtschaftet worden. Hinzu kommt, dass ich persönlich aus vertraglich vereinbarten Lizenzrechten DM 18.672.252,98 erhalten hätte.

Ich muss gestehen, dass mich die Zahlen nicht beeindruckt haben, sondern die laufenden Unfallmeldungen mit Kleinkinder in Pool's und Gartenteiche. Hierfür habe ich alles eingesetzt und sehr oft auch nachts durchgearbeitet.

Um den Anschluss an die aufgebauten Märkte nicht zu verlieren, habe ich nach Herstellerfirmen gesucht, die auf Lizenzbasis das Gerät herstellen konnten. Es haben sich sehr viele gemeldet, jedoch fehlten den meisten die finanziellen Mittel oder waren fachlich nicht in der Lage die Funktionsweise dieses innovativen Gerätes in Verbindung des physikalischen Ablaufes unterhalb der Wasseroberfläche zu verstehen.

Es vergingen vielleicht drei Monate und ich wurde fündig. Eine Firma, die messtechnische Geräte herstellte, wollte für ihre Vorlaufkosten DM 570.000,-- bereitstellen und das Grundgerät versandfertig und abrufbereit herstellen. Sie hatte ihren Sitz in meiner Nähe, so dass ich zu jeder Zeit technische Hilfe leisten konnte. Die ausgehandelten Vertragsbedingungen waren Ideal, so dass meine beiden GmbH's ihre Existenzberechtigung behielten und aktiv fortsetzen konnten.

Mit diesem Herstellungsvertrag und den Lieferverträgen konnte ich meine Arbeit fortsetzen und auch der Deutschen Bank die positive Entwicklung berichten.

Bisher hatte die Bank an die Marktentwicklung nichts auszusetzen, jedoch als ich nun auch liefern konnte, änderte sich ihre Haltung.

Sie verfolgte plötzlich eigenes Interesse an den Patentrechten mit allen Lieferverträgen und setzte mich entsprechend unter Druck.

Sämtliche Vergleichsverhandlungen scheiterten und in einem anwaltlichem Schreiben wird mir mitgeteilt, dass die eingeräumte Kreditlinie fällig wird, wenn ich nicht eine Übereinkunft mit ihrer favorisierten Firma eingehe. Ich musste der Firma sämtliche Herstellungs- und Vertriebsrechte mit allen Unterlagen und Korrespondenzen übergeben. Gleichzeitig wurde ein Konto eingerichtet, auf dem die Lizenzerlöse von der Firma eingezahlt werden sollten, von dem die Bank ihre Forderungen abbuchen wollte.

Die Firma wollte mit meiner Person nichts zu tun haben und hat meine Hilfe in jeder Hinsicht abgelehnt. Nachdem bei mir eine Reihe von Beschwerden über mangelhafte Qualität der Geräte eingegangen sind und die Firma nicht gewillt war meine Hilfe anzunehmen, wurde der Vertrag aufgelöst. Die Firma hat von mir eine Abmahnung erhalten und sich verpflichtet alle Geräte durch eine Rückholaktion vom Markt zurückzuholen.
Nachdem ich der Deutschen Bank ihr schuldhaftes Verhalten nachweisen konnte, hat sie ihre inzwischen mit Zinsen aufgelaufene Gesamtforderung in Höhe von DM 636.178,80 um 557.913,42 reduziert, so dass nur noch 78.265,38 übrig blieben.

In einem freundlichem Schreiben von der Bank wird mir mitgeteilt, dass es nicht in ihrem Interesse ist, meine Existenz in irgend einer Art und Weise zu vernichten. Diese gutgemeinte Einsicht wäre früher für mich alleine an Lizenzerlösen DM 18.672.252,98 Wert gewesen und kam jetzt leider zu spät. Seit der Zeit zahle ich in monatlichen Raten a. DM 50,-- meine Restschuld ab und hoffe, dass die Bank ihr Versprechen einhält und keine weiteren Schritte gegen mich unternimmt.

Anschließend habe ich mit einem neuen Lizenznehmer Verhandlungen aufgenommen. Die Firma war bereits mit ihrem patentrechtlich geschütztem Gerät international tätig. Ihre umfangreiche internationale Recherche fiel sehr positiv aus und bestätigte noch einmal, dass das mein Schwimmbadalarmgerät, insbesondere in den USA zur gesetzlichen Auflage werden könnte.

Einen Tag vor Vertragsunterzeichnung erwarb die Firma von einem Schwimmbadhändler in Berlin, ein Poolsolarm-Gerät. Das Gerät wies erhebliche Qualitätsmängel auf und stammte aus einer Lieferung des o.g. Lizenznehmers, der wegen Qualitätsmängel zuvor gekündigt wurde. Die Sorge des neuen Lizenznehmers, dass er möglicherweise mit den ausgelieferten Geräten konfrontiert wird, konnte ich nicht entkräften, so dass auf der Basis des bestehenden Gerätes keine Lizenzvereinbarung zustande kam.

Rückblickend muss ich sagen, - wäre die Sparkasse nur halb so kooperativ gewesen wie die Deutsche Bank, könnten meine beiden Gesellschaften und die amerikanische POOLSOLARM Inc. heute noch existieren. Hier wird die Flexibilität zwischen Staatsbanken und Privatbanken deutlich.

DAS WAR EINMAL MEIN ZIEL

Aber noch habe ich nicht aufgegeben.

Zwölftes Kapitel
Wieder zurück zur Berliner Industriebank

Der nächste Lizenznehmer war eine Ostberliner Firma die Fördermittel für die Herstellung und dem Vertrieb benötigte. Hierfür vereinbarten wir bei der Deutschen Ausgleichsbank, ehemals Berliner Industriebank, ein Gesprächstermin. Unsere Gesprächspartnerin war Frau Schropperts.

Zu dem Termin kam der neue Lizenznehmer, Herr Dr. Jacob von der Firma Steremat Füllstands- und msr-Geräte GmbH & Co und Herr Krischke, Geschäftsführer von der Bafas GmbH, mit dem ich noch eine gültigen Vertriebsvertrag für die Länder ASIEN, AUSTRALIEN, NEUSEELAND und AFRIKA mit einer vertraglich vereinbarten Mindestlaufzeit von 10 Jahren und einer gesamt Mindestabnahmemenge von 301.464 Geräten, zuzüglich 15.000 Geräte für seine amerikanischen Kunden hatte.
Während des Gesprächs sagte Frau Schropperts, "er wird keine Fördermittel erhalten da das Schwimmbadalarmgerät bei den einzelnen Instituten in Berlin keinen guten Namen hat". Diese Aussage hörte Herr Krischke und die Konsequenz war, dass er sich aus dem Geschäft mit dem Schwimmbadalarmgerät sofort zurückgezogen hat.

Laut seiner zuvor erstellten Marktstudie und unterstützt durch seine guten Erfahrungen mit den von der Kolbatz Elektronik GmbH gelieferten Geräte, hätte er bereits im ersten Jahr 15.000 - 20.000 Einheiten verkaufen können. Voraussetzung hierfür war, dass die Ostberliner Firma in ausreichender Stückzahl und ein qualitativ hochwertiges Produkt produzieren konnte. Wegen fehlender finanzieller Mittel musste die Ostberliner Firma ihr Vorhaben aufgeben und den Lizenzvertrag kündigen.

Für mich persönlich war der Verlust des Vertragspartners mit seinem hohen Auftragsvolumen besonders schmerzlich, da ich mit den Lieferverträgen zu jeder Zeit auch einen finanzkräftigen Lizenznehmer für dieses sogenannte "instant marketability" Produkt gefunden hätte, der ohne Fördermittel die Herstellung und den Vertrieb übernommen hätte.

Dreizehntes Kapitel
Banken, Staatsgewalt und Hilfeleistungen
Gewinnstreben behindern Grundrechte unserer Kinder
Anmerkung und veränderte Marktbedingungen des Schwimmbadhandels

Durch meine internationale Aufklärungsarbeit "Sicherheit für Kleinkinder am Pool" haben sich die bisher ausschließlich auf "Freude und Spaß am Pool" ausgerichteten Marktbedingungen des Schwimmbadhandels verändert.

Da die klassische Werbung für mein Sicherheitsgerät dieser Anforderung nicht gerecht wurde, waren neue dialogorientierte Formen gefragt, die die Einbahnstraßenkommunikation der alten Schule durchbrechen musste. Dazu gehörten neben anderen Maßnahmen, u.a. International das

Sicherheitsbewusstsein zu wecken, Direktwerbung, Messebeteiligungen, PR-Arbeiten und insbesondere intensive persönliche individuelle Beratungsleistungen mit Know-how-Vorführung gehörte zu meinen Pflichtübungen. Erst dies ermöglichte den Beginn jeder Zusammenarbeit mit Sicherheitsbehörden, der Industrie, dem Großhandel und dem Schwimmbadeinzelhandel bis hin zu dem geweckten Sicherheitsbewusstsein der Eltern mit Kleinkindern.

Erst die gemeinsamen Diskussionen aller Beteiligten im In- und Ausland führten zu einer Optimierung und Händeling des Schwimmbadalarmgerätes mit anschließenden langfristigen internationalen Vertragsabschüssen in Höhe von DM 124Mill. zzgl. Nachfolgeaufträge und weit über 5.000 weitere Anfragen.

Somit hatte ich zwei erfolgreiche Fundamente aufgebaut die ein Unternehmen haben muss: Markt und Technologie, und zwar in der Reihenfolge. Die Fundamente auf eine andere Grundlage zu stellen, wie etwa Finanzen, führt praktisch niemals <u>dauerhaft</u> zum Erfolg.

Kurzfristige Gewinnerwartungen der Finanzierungsgesellschaften mögen derzeit noch in Mode sein, jedoch haben sie sich für mein Produkt als falsch und gefährlich herausgestellt. Der Markt war für mich beherrschbar, *- aber die Banken nicht.*

Als Unternehmer habe ich für meine Sache mit Erfolg gekämpft, jedoch griffen die Banken ein, sobald ich die lukrativen Märkte aufgebaut hatte - und somit noch weit bevor Schwierigkeiten auftraten. Lässt man die unvorstellbaren Praktiken der Banken, an den Gewinn durch ein derartiges sogenanntes "instant marketability" Produkt heran zu kommen einmal weg, so würden ganz offensichtlich den Entscheidungsträgern der Banken die entscheidenden wichtigen Parameter wie Kreativität, unternehmerischer Weitblick, Risikofreude für innovative "Sprungpatente" die unsere Wirtschaft so dringend benötigt, fehlen.

Egal aus welcher Sicht man es betrachtet, die Folgen sind fatal und die Visionsapostel der Banken sind am Ende auch noch stolz darauf, nichts von der umfangreichen internationalen Marketingarbeit und meine Controller-Reporte zu verstehen.

Besonders negativ zu bewerten ist auch die Einstellung zu Erfindern, denen grundsätzlich sachgerechte Marketingarbeit nicht zugetraut wird. Das sich aber gerade ein Erfinder besonders für sein Produkt einsetzt, wird dabei verkannt und er muss somit nicht nur den Kampf auf dem Markt, sondern auch mit den voreingenommenen Finanzierungsbanken in Deutschland bestehen.
Die ruinösen Handlungen der Banken stehen im krassen Widerspruch zu den von der Politik und Wirtschaft gewollt geförderten innovativen Produkte und es werden somit Steuergelder verschwendet. Die Banken wären gut beraten, bereits bei Darlehensantrag ihre Position klar darzulegen und anschließend auch einzuhalten, bzw. sich ihrer Verantwortung bei Fehlverhalten zu stellen um volkswirtschaftliche Schäden künftig zu vermeiden. (Meine Vision ist, eine unabhängige überregionale Prüfungseinrichtung zu schaffen, die gemeinsam von Banken durch Umlagen unterhalten werden muss.)

/91

Bei einer seriösen Finanzpolitik könnten meine beiden Gesellschaften und die amerikanische Inc. heute mit über 1000 Angestellten in einer neuen Berufsbranche weltweit tätig sein. Jedoch fiel durch das Gewinnstreben der Banken, begleitet mit Vertragsuntreue und folgeschwerer Eigendynamik, auch die moralische Wertigkeit meines Rettungsgerätes zum Opfer.

Ich habe vergeblich um meine Grundrechte und der unserer aller Kleinkinder gekämpft. Mit einem Ergebnis,........ *"als wenn Kinderleben beliebig ersetzbar wären".*

Als Vater von zwei Kinder konnte ich den schmerzlichen Verlust der leidgeprüften Eltern nachvollziehen und mein ganzer Einsatz galt für unser wertvollstes was wir haben, unsere Kleinkinder, mein Rettungsgerät zu erhalten. Damit die Verhütung von besonders schweren Unglücksfällen an Leben und Gesundheit zu wahren und nicht den niedrigen Beweggründen der Banken preiszugeben.

Bei allen Beteiligten ist aktenkundig, dass jährlich über 4.000 Kinder in Pool's ertrinken und eine weitaus höhere Zahl mit dauernder Behinderung oder Siechtum dahin vegetieren.	

Wissentlich dieser Tatsache und auch dass es auf dem Markt keine andere Schutzvorrichtung zur Verhütung derartiger Unglücksfälle gibt und somit keine ausreichende Lebensgrundlage für unsere gefährdeten Kleinkinder vorhanden ist, haben sich alle Beteiligten der Kollektivschuld durch ihre jeweiligen Handlungen, bzw. unterlassenen Handlungen, der vorsätzlich fahrlässigen Tötung und Totschlags mit Körperverletzung in Verbindung mit vorsätzlich unterlassener Hilfeleistung an unsere schutzbefohlenen Kleinkinder, seit 1990 in mindestens 28.000 Fällen zu verantworten.

Das Rettungsgerät steht auf Grund von niedrigen Beweggründen durch die Handlungen aller Beteiligten, nicht mehr zur Verfügung und somit haben sie sich insbesondere gegenüber unseren im Grundgesetz verankerten Schutz-befohlenen Kleinkinder, auch der Menschenrechtsverletzung schuldig gemacht.

Ich habe mich besonders selbstlos für alle gefährdeten Kinder eingesetzt, aber

> ich glaube das "der Artikel 20 Absatz 2 des Grundgesetzes: 'Alle Staatsgewalt geht vom Volk aus' sollte ehrlicherweise um den Nebensatz ergänzt werden .... Soweit sie nicht von Wirtschaftsführern ausgeübt wird."

"Wie man mich gemordet hat ohne dass ich gefallen bin" lesen sie in der nächsten Ausgabe. Hier wird dokumentiert wie Banken vorsätzlich Psychoterror betrieben haben, *weil ich mich gewehrt habe*.

Wie Banken Rückzahlungsvereinbarungen unterliefen, mein hinterlassenes Pfand bis heute Ersatzlos veruntreuten, sich über Recht und Gesetz hinwegsetzten und unsere Gerichte bisher untätig zusehen, oder wie sogar unser Staat gegen mich hoheitliche Maßnahmen unter dem Motto eingeleitet hat, "in Deutschland ist der Schuld der auf den Schmutz hinweist und nicht der der ihn macht."

SCHLUßSATZ: **Viele Bankgeschädigte konnten den Konkurs mit den damit verbunden wirtschaftlichen Ruin nicht verkraften und mussten auf städtische Friedhöfe beerdigt werden.**

Wenn die Banken hierfür selbst aufkommen müssten, hätte jede Filiale ihren eigenen Friedhof.

.....lässt grüßen.

Lieber Leser

Bitte nehmen Sie mir ab, dass es mir nicht leicht gefallen ist, mich oder unser System bloßzustellen. Aber ich erhoffe mir auf diesem Wege Ihre Hilfe, um vielleicht doch eines Tages für unsere gefährdeten Kinder wieder mehr Sicherheit bereit stellen zu können.

Selbst wenn Sie nur wachgerüttelt wurden und jetzt die Gefahren am Pool oder mit Geldgebern anders einschätzen, hat sich auch diese Arbeit gelohnt.

In der Vergangenheit konnte ich einige tausend Geräte für die Sicherheit unserer Sprösslinge am Pool zur Verfügung stellen und in Verbindung mit meinen Öffentlichkeitsarbeiten, glaube ich einiges zum Wohle unserer aller Kinder in Bewegung gesetzt zu haben. Hier und heute aufzugeben verbietet sich für mich, insbesondere dann, wenn ich in tiefer Trauer erneute tragische Unfallberichte in den Medien lese.

Bei all jenen die mir geschrieben haben und ihren Dank zum Ausdruck brachten, bitte ich auf diesem Wege um Entschuldigung, dass ich Hoffnungen geweckt habe, die ich heute nicht weiter einhalten kann.

Das ich mein Ziel in Deutschland nicht erreichen werde, wurde mir bereits zu Beginn von dem Präsident einer namhaften amerikanischen Marketinggesellschaft prophezeit. Er hatte leider tatsächlich Recht und ich muss mich heute schämen ein Deutscher zu sein.

Ich hoffe, dass dieses Buch für Sie nicht nur einen Unterhaltungswert hatte, sondern auch wichtige Hintergrundinformationen lieferte, für alle, die mit dem Gedanken spielen, sich selbstständig zu machen.

Wenn Sie mir hierzu Ihre Erfahrungen mitteilen möchten, würde ich mich sehr freuen.